Ursula Oppolzer

Zeitmanagement im Lehrerberuf

Effektive Strategien für einen organisierten (Schul-)Alltag

Verlag an der Ruhr

Titel
Zeitmanagement im Lehrerberuf
Effektive Strategien für einen organisierten (Schul-)Alltag

Autorin
Ursula Oppolzer

Titelbildmotiv
GaToR-GFX / Fotolia.com

Satz
Patrick Gladt

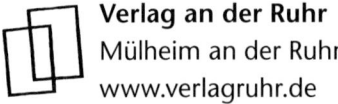 **Verlag an der Ruhr**
Mülheim an der Ruhr
www.verlagruhr.de

Geeignet für alle Schulstufen

Unser Beitrag zum Umweltschutz:
Wir sind seit 2008 ein ÖKOPROFIT®-Betrieb und setzen uns damit aktiv für den Umweltschutz
ein. Das ÖKOPROFIT®-Projekt unterstützt Betriebe dabei, die Umwelt durch nachhaltiges Wirt-
schaften zu entlasten. Unsere Produkte sind grundsätzlich auf chlorfrei gebleichtes und nach
Umweltschutzstandards zertifiziertes Papier gedruckt.

© Verlag an der Ruhr 2014
ISBN 978-3-8346-62509-0

Printed in Germany

Vorwort: Keine Zeit, keine Zeit! 05

I Zeit und Persönlichkeit 07

1. Zeitverwendung – Zeitverschwendung 08

2. Jeder Mensch tickt anders 14

3. Biorhythmus und Leistungskurven 23

4. Erwartungen von außen und innen 26

5. Nein sagen 31

II Grundlagen des Zeitmanagements 37

6. Ziele des Zeitmanagements 38

7. Zeitdiebe 39

8. Zielsetzung, Planung und Prioritäten 46

9. Pausen, Puffer, Wartezeiten 57

10. Arbeitsorganisation an verschiedenen Arbeitsplätzen 60

11. Rituale und Routine 64

12. Probleme lösen – gelassen und kreativ 66

13. Teamfähigkeit und Delegation 71

14. Kontrolle und Motivation 76

15. Zeitmanagement-Methoden 80

III Hilfsmittel zur Zeitmanagement-Optimierung 89

16. Visualisierung und Fantasie 90

17. Konzentration und Gedächtnis 92

18. Lesetechniken und Informationsmanagement 97

19. Grundlagen für eine erfolgreiche Kommunikation 101

20. Effektive Besprechungen und Konferenzen 104

21. Kurze, zielführende Gespräche 106

IV Stressbewältigung 121

22. Ursachen und Folgen von Stress 122

23. Strategien zur Stressbewältigung 127

24. Trennung von Arbeitszeit und Freizeit 132

V Auf einen Blick 134

25. Sind Sie ein Zeitmanagement-Profi? 136

26. Alle Tipps auf einen Blick 138

Medientipps 142

Vorwort: Keine Zeit, keine Zeit!

Die Geschichte von dem Mann und der Säge:

„Ein Spaziergänger geht durch einen Wald und begegnet einem Waldarbeiter, der hastig und mühselig damit beschäftigt ist, einen bereits gefällten Baumstamm in kleinere Teile zu zersägen. Der Spaziergänger tritt näher heran, um zu sehen, warum der Holzfäller sich so abmüht, und sagt dann: „Entschuldigen Sie, aber mir ist da etwas aufgefallen. Ihre Säge ist ja total stumpf. Wollen Sie diese nicht einmal schärfen?" Darauf stöhnt der Waldarbeiter erschöpft auf: „Dafür habe ich keine Zeit, ich muss sägen!"

(aus: Seiwert, L. J.: „Das 1x1 des Zeitmanagements", Gabal: Offenbach 1997, S. 20)

Liebe Lehrer*,

warum ist es wichtig, dieses Buch zu lesen, obwohl dies Zeit kostet?
– Was erwarten Sie?

Es gibt keine Zeitsparkasse, in der Sie gesparte Zeit einzahlen können. Sie erhalten jedoch in jeder Silvesternacht mehr als 30 Millionen Sekunden geschenkt und Sie entscheiden, wie Sie diese Zeit verbringen. Sie setzen die Prioritäten, und wenn Sie ständig das Gefühl haben, Ihnen stehe nicht genügend Zeit zur Verfügung – sei es für die Familie, für Freunde und vor allem auch für sich selbst, also für Entspannung und andere Aktivitäten, die Ihnen guttun und Ihnen wieder Energie für den (Schul-)Alltag geben –, so brauchen Sie vielleicht ein paar Informationen und Tipps, damit Sie in Zukunft sowohl im Beruf als auch in Ihrer Freizeit zufriedener und gelassener sein können. Machen Sie es nicht wie der Waldarbeiter, der sich bis zur Erschöpfung abmüht und trotzdem kaum weiterkommt, geschweige denn glücklich ist. Warten Sie nicht bis zum Burnout oder bis Ihr Körper sich in irgendeiner anderen Form krankmeldet, sondern informieren Sie sich rechtzeitig. Dieser praxisorientierte Ratgeber speziell für Lehrer bietet Ihnen aber nicht nur Hintergrundinfos, sondern gibt Ihnen vor allem auch zahlreiche, ganz konkrete Tipps, Strategien und Methoden an die Hand. So erhalten Sie „Hilfe zur Selbsthilfe" und können anhand der verschiedenen Checklisten und Übungen direkt selbst aktiv werden!

Während Sie in Kapitel I zunächst viel über sich selbst erfahren, z. B. darüber, wie Sie Ihre Zeit verwenden und verschwenden, über Ihre individuelle Leistungskurve oder auch über die Erwartungen, die nicht nur von außen an Sie gestellt werden, sondern die Sie selbst an sich haben, geht es in Kapitel II um

---

*Aus Gründen der besseren Lesbarkeit haben wir in diesem Buch durchgehend die männliche Form verwendet. Natürlich sind damit auch immer Frauen und Mädchen gemeint, also Lehrerinnen, Schülerinnen etc.

die Grundlagen des Zeitmanagements. Hier finden Sie z. B. heraus, für welche „Zeitdiebe" Sie besonders anfällig sind, lernen, richtig Ziele und Prioritäten zu setzen, und erhalten hilfreiche Anregungen zum Thema Arbeitsorganisation an zwei Arbeitsplätzen und Delegation. Darüber hinaus lernen Sie die bewährtesten Zeitmanagement-Methoden kennen. Kapitel III geht noch einen Schritt weiter: In diesem Abschnitt finden Sie verschiedenste Anregungen, wie Sie ein bereits bestehendes Zeitmanagement noch weiter optimieren können, bspw. durch das Trainieren von Schnelllesetechniken oder durch Konzentrationsübungen. Außerdem erhalten Sie zahlreiche Tipps, wie Sie durch kurze, zielgerichtete Gespräche zusätzlich Zeit sparen können. Kapitel IV befasst sich schließlich noch einmal separat mit dem Thema Stressbewältigung, das untrennbar mit dem Zeitmanagement verknüpft ist. Auch dieser Teil des Buchs liefert Ihnen konkrete praktische Hilfen, mit denen Sie Stress vermeiden oder abbauen können, z. B. auch durch Anregungen für eine klare Trennung von Arbeit und Freizeit.

Das Buch schließt in Kapitel V mit einer Abschluss-Checkliste und bietet Ihnen noch einmal alle Zeitmanagement-Tipps auf einen Blick.

Erwarten Sie jedoch nicht, dass Sie es schaffen, sofort alle Informationen und Tipps umzusetzen und ab morgen alles wunderbar zu meistern, denn:

„Gut Ding will Weile haben!"

Gewohnheiten und Verhaltensweisen, die Ihren Schulalltag und Ihr Leben über Jahre bestimmt haben, können Sie nur in kleinen Schritten und mit viel Geduld positiv verändern. Beginnen Sie mit einem Tipp, bei dem Ihnen die Umsetzung relativ leicht fällt. So sind Sie motiviert, den nächsten Schritt in die richtige Richtung zu gehen.

Gönnen Sie sich täglich 10 Minuten für dieses Buch und Sie werden schnell feststellen, dass es Sie unterm Strich keine Zeit kostet, sondern Ihnen ganz im Gegenteil dabei hilft, für die Tätigkeiten und Menschen Zeit zu gewinnen, die Ihnen besonders wichtig sind – vor allem auch für sich selbst.

„Jede Reise beginnt mit dem ersten Schritt."

Freuen Sie sich auf das Ziel und beginnen Sie jetzt.

Ich wünsche Ihnen dabei viel Erfolg!
Ursula Oppolzer

„Die Zeit vergeht nicht schneller als früher, aber wir laufen eiliger an ihr vorbei!"

(George Orwell)

Zeit und Persönlichkeit

1. Zeitverwendung – Zeitverschwendung

„Liebst du das Leben? Dann verschwende nicht die Zeit. Denn das ist der Stoff, aus dem das Leben gemacht ist." (Benjamin Franklin)

Bevor Sie eine Optimierung Ihres Zeitmanagements in Angriff nehmen, ist es zunächst wichtig, sich ein Bild davon zu verschaffen, wie Sie die Ihnen zur Verfügung stehende Zeit bisher überhaupt nutzen. Machen Sie also mit diesem Kapitel erst einmal eine Bestandsaufnahme über die Verwendung Ihrer Zeit. Die folgenden Übungen werden Ihnen dabei helfen, sich darüber bewusst zu werden, wann Sie was im Laufe eines Tages bzw. in einer Woche tun.

Der Wochenplan-Check: Tätigkeiten vom Aufstehen bis zum Einschlafen

Je nach Stundenplan sind die Wochentage eines Lehrers sowohl beruflich als auch privat sehr unterschiedlich ausgefüllt. Führen Sie doch einmal eine Woche lang genau Buch über Ihre Tätigkeiten vom Aufstehen bis zum Einschlafen.

1. Tragen Sie in den Wochenplan auf der übernächsten Seite zu jeder Uhrzeit eine entsprechende Tätigkeit ein. Diesen Wochenplan können Sie dann später mithilfe der Informationen über Zeitmanagement, die Sie im Laufe der Lektüre sammeln, zu Ihren Gunsten überarbeiten.

2. Verteilen Sie in Ihrem Wochenplan in einem zweiten Schritt gelbe Sternchen oder lachende Smileys für Tätigkeiten, bei denen Sie mit der Zeitverwendung zufrieden sind, und schwarze, schmollende Smileys für die Aktivitäten, die Ihrer Meinung nach zu kurz kommen oder bei denen Sie das Gefühl haben, zu viel Zeit für sie aufzubringen. Sie können auch die Tätigkeiten entsprechend farbig markieren. Ziel sollte es sein, dass Sie mithilfe dieses Buches die schmollenden Smileys in lachende umwandeln.

3. Tragen Sie die Dauer der jeweiligen Tätigkeiten in die Tabelle auf S. 12 („Wochenplan-Check – Teil 2") ein. So sehen Sie deutlich, an welchen Tagen Sie wodurch besonders belastet sind. Wenn Sie beeinflussbare und nicht beeinflussbare Tätigkeiten farbig unterschiedlich markieren, wird Ihnen schnell klar, wo Sie etwas verändern können.

4. Nehmen Sie anschließend ein leeres Blatt Papier und zeichnen Sie darauf nebeneinander Quadrate für jede Tätigkeit, die Sie nicht beeinflussen können (z.B. Schlafen, Fahrt zur Arbeit, Mahlzeiten, Unterrichtsstunden, Sportkurs etc.), und darunter Kreise für jede beeinflussbare Tätigkeit

(z. B. Unterrichtsvorbereitung, Familie/Partner, Gartenarbeit, private Telefonate, Treffen mit Freunden, Fernsehen, im Internet surfen etc.). Addieren Sie in der rechten Spalte der Tabelle auf S. 12 die Zeitaufwände jeder Tätigkeit und übertragen Sie die Summe dann in das entsprechende Quadrat oder den entsprechenden Kreis.

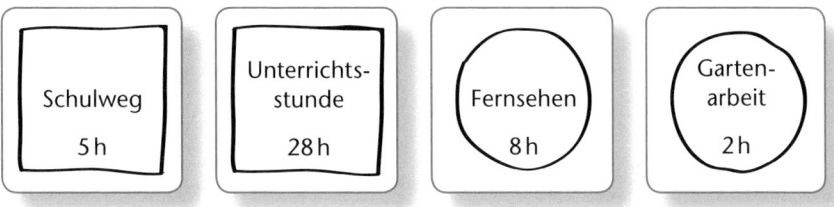

Tipp: Wenn Sie die Quadrate und Kreise farblich unterschiedlich markieren und diejenigen, in denen besonders viele Stunden/Minuten vermerkt sind, größer zeichnen als die anderen, wird besonders deutlich, wofür Sie viel Zeit verwenden und wofür weniger bzw. was beeinflussbar ist und was nicht.

5. Als Mathematiker oder/und Diagrammliebhaber können Sie für eine noch bessere Visualisierung Ihre wöchentlichen Zeitaufwand-Werte auch in Prozente umwandeln und die Zeitaufwendung für die verschiedenen Tätigkeiten in einem Kreisdiagramm und/oder Säulendiagramm darstellen. Als kreativer Mensch macht es Ihnen vielleicht mehr Freude, Ihren persönlichen „Zeitgarten" zu zeichnen. Darin verdeutlicht jedes Beet, jeder Teil des Gartens, Ihre Tätigkeiten und die dafür verwendete Zeit innerhalb einer Woche – z. B. steht der Vorgarten für Haushalt, Kochen, Einkaufen und Essen, die Rasenfläche für Sport und Hobbys, der Teich für stille Stunden und Entspannung, die Kiesfläche für Schlaf, das Gemüsebeet für Schulweg, Unterricht, Konferenzen usw. Ihrer Fantasie sind hier keine Grenzen gesetzt!

Egal ob Diagramm oder Zeichnung – wichtig ist, dass Sie Ihren wöchentlichen Zeitaufwand visualisieren, um sich einen guten Überblick darüber zu verschaffen, für welche Tätigkeit Sie vielleicht zu viel, zu wenig oder genau das richtige Maß an Zeit aufwenden.

Wochenplan-Check – Teil 1

Zeit	Montag	Dienstag	Mittwoch	Donnerstag	Freitag	Samstag	Sonntag
5 Uhr							
6 Uhr							
7 Uhr							
8 Uhr							
9 Uhr							
10 Uhr							
11 Uhr							
12 Uhr							
13 Uhr							

14 Uhr	15 Uhr	16 Uhr	17 Uhr	18 Uhr	19 Uhr	20 Uhr	21 Uhr	22 Uhr	23 Uhr

Wochenplan-Check – Teil 2

Tätigkeiten	Zeitaufwand in Stunden							
	Mo	Di	Mi	Do	Fr	Sa	So	Summe
Schlafen								
Haushalt/Kochen								
Einkaufen								
Essen								
Familie/Partner								
Freunde treffen								
Private Telefonate								
Gartenarbeit								
Fernsehen/Computer								
Sport								
Musik								
Kulturelle Veranstaltungen (Kino, Theater etc.)								
Andere Hobbys								
Unterrichtsvorbereitung								
Schulweg								
Unterrichtsstunden								
Konferenzen								
AGs								
Korrekturen								
Elterngespräche								
Anderes: _____								
Anderes: _____								
Anderes: _____								
Anderes: _____								

> **Tipp:** Lesen Sie das nächste Teilkapitel „Jeder Mensch tickt anders" über Ihren Biorhythmus und schauen Sie sich dann noch einmal Ihren Wochenplan-Check inklusive der Quadrate und Kreise an. Überlegen Sie sich, ob Sie einige der beeinflussbaren Termine und Aufgaben von Ihren leistungsstärkeren Phasen in leistungsschwächere Phasen oder umgekehrt verschieben können und wollen.

◼ Was ist für Sie Zeitverschwendung?

Überlegen Sie nun einmal genauer, welche Aufgaben und Termine Sie als „Zeitverschwendung" empfinden. Welche davon behindern Sie beruflich, z. B. bei einer optimalen Unterrichtsvorbereitung, und welche privat bei der Erfüllung Ihrer Zeitwünsche? Notieren Sie Ihre Ergebnisse!

_____

_____

_____

Seien Sie einmal ganz ehrlich mit sich selbst und denken Sie anhand der folgenden Checkliste darüber nach, in welchen Situationen Sie viel Zeit verlieren:

Checkliste 1 – Wobei verliere ich viel Zeit?

☐ Ich lasse mich durch Gespräche mit Kollegen oder am Telefon ablenken. *(1)*

☐ Ich vergeude viel Zeit mit dem Suchen von Dingen. *(2)*

☐ Ich brauche viel Zeit, da ich ein Perfektionist bin. *(3)*

☐ Ich brauche viel Zeit, weil ich oft keinen Plan habe und unstrukturiert arbeite. *(4)*

☐ Ich bin oft sehr unkonzentriert und muss Texte wiederholt lesen. *(5)*

☐ Ich nutze meine Freistunden weder zur richtigen Entspannung noch zur Arbeit. *(6)*

☐ Ich bin immer sofort zur Stelle, wenn ich glaube, dass mich jemand braucht. *(7)*

☐ Ich mache am liebsten alles selbst; das kostet Zeit, aber ich bin dann sicher, dass es so wird, wie ich es mir vorstelle. *(8)*

Wenn Sie sofort nachlesen wollen, wie Sie in Zukunft weniger Zeit verlieren, dann schauen Sie zunächst, bei welchen Ziffern Sie ein Kreuzchen gemacht haben, und schlagen Sie dann das entsprechende Kapitel auf:

1 + 5 → „Konzentration und Gedächtnis", S. 92
2 → „Zeitdiebe" (Sucher-Zeitdieb), S. 39
3 + 7 + 8 → „Zeit und Persönlichkeit" und
„Jeder Mensch tickt anders", S. 27 und S. 14
4 → „Zielsetzung, Planung und Prioritäten", S. 46
6 → „Strategien zur Stressbewältigung", S. 127

Zusammenfassung
Mithilfe der Übungen in diesem Kapitel haben Sie nun eine Bestandsaufnahme des Ist-Zustands Ihrer individuellen Zeitverwendung und
-verschwendung gemacht – das ist die ideale Grundlage für erfolgreiche
Veränderungen!

2. Jeder Mensch tickt anders

„Jeder Mensch sieht und empfindet, was er denkt!"

■ Typsache

Jeder Mensch ist ein Individuum und jeder Lehrer ein besonderer „Typ". Wenn es um das Zeitmanagement und damit um die Lebensgestaltung geht, so gibt es mindestens fünf unterschiedliche „Grundtypen".

 Bevor Sie die Beschreibungen dieser Typen lesen, machen Sie doch einen kleinen Test und kreuzen Sie in der folgenden Checkliste an, was bei Ihnen zutrifft:

Checkliste 2 – Was für ein Typ bin ich?

Die folgenden Aussagen treffen auf mich ...	gar nicht (–)	zeitweise (2)	fast immer (3)	zu.
Ich fühle mich oft gestresst. (S) ✓	☐	☑	☐	
Bereits morgens bin ich müde und gereizt. (S)	☑	☐	☐	
Ich kann sehr gut Aufgaben delegieren. (G) ✓	☐	☑	☐	
Ich arbeite ständig. (W)	☐	☐	☑	W
Ich lege großen Wert darauf, dass abends mein Schreibtisch aufge- räumt und alles erledigt ist. (P) ✓	☐	☐	☐	
Ich habe Angst, nicht alles zu schaffen. (S)	☐	☑	☐	
Ich bleibe auch in schwierigen Situationen gelassen. (G)	☐	☐	☑	G
Ich verlege oft wichtige Unterlagen, Tests oder Arbeiten. (C/S)	☐	☑	☐	
Ich leide zwar unter dem Stress, aber ich brauche ihn auch. (S/W)	☑	☐	☐	
Ich versuche, perfekt zu sein. (P)	☐	☐	☑	P
Bereits morgens, wenn ich die Schule betrete, fühle ich mich gestresst. (S)	☑	☐	☐	
Prioritäten setzen ist eine leichte Übung für mich. (G)	☐	☑	☐	
Ich fühle mich schnell überfordert. (S)	☐	☑	☐	
Ich lasse mich leicht ablenken. (C)	☐	☑	☐	

Ohne mich würde vieles schieflaufen. (P)	☐	☑	☐	
Ich fühle mich auch gestresst, wenn ich wenig zu tun habe. (S)	☑	☐	☐	
Ich bin mit meinem Beruf in der Schule zufrieden bis glücklich. (G)	☐	☐	☑	
Für die Unterrichtsvorbereitung habe ich so viele Ideen, dass ich mich oft verzettele – dabei wäre weniger manchmal mehr. (C)	☐	☐	☑	
Ich habe immer alles im Griff. (P)	☐	☑	☐	
Ich merke zunächst nicht, wenn ich meinem Körper zu viel zumute. (W)	☑	☐	☐	
Ich habe das Gefühl, mein Leben selbst zu gestalten, und überfordere mich dabei nicht. (C/G)	☐	☑	☐	
Ich fühle mich wie ein Hamster im Rad. (S/P)	☐	☑	☐	
Ich kann sehr schlecht Nein sagen. (S/W)	☐	☑	☐	
Mir gelingt es gut, nach der Schule abzuschalten. (G)	☑	☐	☐	
Ich schaffe es nicht, Korrekturen übers Wochenende liegen zu lassen, sondern versuche immer, Arbeiten so schnell wie möglich zu korrigieren. (W/P)	☐	☑	☐	
Ich schaffe es nicht, langatmige Telefonate mit Eltern zu verkürzen. (P)	☐	☐	☑	
Ich schaffe es nicht, die Pausen in der Schule wirklich zum Auftanken zu nutzen. (W)	☐	☐	☑	

	gar nicht	zeitweise	fast immer	
Ich erreiche meine von mir gesetzten Ziele ohne Mühe und ganz gelassen. (G)	☐	☑	☐	
Ich verliere leicht den Überblick. (C/S)	☐	☑	☐	
Störungen beeinträchtigen mein Wohlbefinden; sie machen mich nervös. (S)	☐	☑	☐	
Ich vergesse wichtige Termine oder wichtige zu erledigende Aufgaben. (C)	☑	☐	☐	
Abends gibt es immer noch unerledigte Aufgaben – das nervt mich furchtbar. (S)	☐	☑	☐	
Ich bin ein sehr pünktlicher Mensch. (P)	☐	☐	☑	
Unangenehme Aufgaben schiebe ich gern lange vor mir her. (C)	☐	☐	☑	
Zeitmanagement gehört für mich dazu und fällt mir leicht. (G)	☐	☑	☐	

Auswertung – Haben Sie Ihre Kreuzchen ehrlich gemacht? Dann zählen Sie zusammen, wie oft sie welchen Buchstaben (jeweils am Ende der Aussagen) angekreuzt haben. Es gilt folgende Punktevergabe:

Kreuz bei „gar nicht" ➜ 0 Punkte für den Buchstaben
Kreuz bei „zeitweise" ➜ 2 Punkte für den Buchstaben
Kreuz bei „fast immer" ➜ 4 Punkte für den Buchstaben

Stehen hinter einer Aussage zwei Buchstaben, teilen Sie die Punkte auf. Tragen Sie Ihre Punkte hier ein:

Grundtypen		**Ergebnis Checkliste**	
1. Stresstyp (S-Typ)	➜	14 Punkte	(14)
2. Workaholic (W-Typ)	➜	2+8 Punkte	(10)
3. Chaot (C-Typ)	➜	5+8 Punkte	(13)
4. Perfektionist (P-Typ)	➜	8+12 Punkte	(20)
5. Glücklicher Zeitmanager (Z-Typ) G	➜	9+8 Punkte	(17)

Je höher die Punktzahl, desto mehr entsprechen Sie dem jeweiligen Typ.
Wo haben Sie die höchste Punktzahl erreicht?

1. Stresstyp (S)

Der Stresstyp fühlt sich immer gestresst und unter Druck – egal ob er viel
oder wenig zu tun, ob er viel oder wenig Zeit für sich zur Verfügung hat.

→ Unter-Typ A hat immer Angst, nicht alles zu schaffen oder nicht gut genug
   zu sein; er hat oft Angst, überfordert zu sein.

→ Unter-Typ B leidet zwar unter dem Stress, braucht aber dieses Stressgefühl,
   um sich wichtig, anerkannt und wertgeschätzt zu fühlen.

2. Workaholic (W)

Der Workaholic-Typ arbeitet permanent und oft über seine Kräfte hinaus, fühlt
sich dabei aber weniger gestresst, sondern super, weil er sich sehr wichtig bis
unentbehrlich vorkommt und glaubt, alle Situationen und Menschen zu be-
herrschen und sein Leben selbst zu gestalten. Oft merkt der Workaholic-Typ
erst, wie sehr er seinen Körper total überlastet, wenn dieser sich mit einer
Krankheit oder einem Zusammenbruch Gehör verschafft.

3. Chaot (C)

Der Chaot besitzt einen vollen Schreibtisch, keinen Terminkalender (oder er
benutzt ihn selten) und kein Zeitplanbuch, vergisst so manchen Auftrag und so
manche Besprechung, ist aber meistens trotzdem im Großen und Ganzen mit
sich und der Welt zufrieden und hat das Gefühl, sein Leben selbst zu gestalten.
Für seine Kollegen ist der Chaot-Typ allerdings eine große Belastung und so
kommt es für ihn oft zu Ärger und Schwierigkeiten.

4. Perfektionist (P)

Der Perfektionist plant sein Leben beruflich wie privat vollkommen durch und
besitzt alle Hilfsmittel dafür. Er vergisst nichts, erledigt alle Aufgaben fristgerecht und ist immer super vorbereitet. Entscheidend ist jedoch, dass er dabei
oft nicht zufrieden, geschweige denn glücklich ist und sich wie ein Hamster im
Rad fühlt, der nicht selbst gestaltet, sondern gestaltet wird.

5. Glücklicher Zeitmanager (G)

Der glückliche Zeitmanager nutzt alle Hilfsmittel des Zeitmanagements, sorgt
damit für Stressarmut, für Erfolg im Beruf und für genügend Freizeit. Er denkt
positiv, bleibt auch in schwierigen Situationen gelassen und hat immer das
Gefühl, sein Leben selbst zu gestalten.

In der Realität gibt es natürlich fast niemanden, der zu 100 % genau einem der fünf Grundtypen entspricht. Die meisten Menschen sind Mischtypen mit einer Tendenz in eine dieser fünf Richtungen.

Mit diesem kleinen Test haben Sie herausgefunden, zu welchem Grundtyp Sie gehören. Jetzt können Sie mithilfe dieses Buches gezielt dagegensteuern – es sei denn, Sie haben herausgefunden, dass bei Ihnen der Typ Nr. 5 „Glücklicher Zeitmanager" dominant ist. Sollten Sie zu diesen glücklichen Gestaltern des Lebens gehören, so überfliegen Sie die folgenden Seiten nur. Für Sie ist es gar nicht dringend notwendig, Ihr Zeitmanagement zu optimieren, aber vielleicht entdecken Sie doch noch den einen oder anderen Hinweis, um noch erfolgreicher, leichter und beschwingter durchs Leben zu gehen.

■ Wie sieht es in meinem Leben aus?

Bevor Sie die konkreten Zeitmanagement-Tipps dieses Buches lesen, sollten Sie sich die Fragen stellen: „Wie sieht es in meinem Leben momentan überhaupt aus und welche Erwartungen habe ich an die Zukunft?". Um zu einer differenzierten Antwort zu gelangen, wird Ihnen der folgende Fragenkatalog helfen. So sind Sie motivierter, gewisse Dinge zu verändern, und können Ihr Zeitmanagement gezielter angehen.

Nehmen Sie sich ein wenig Zeit und schreiben Sie Ihre Antworten zu den folgenden Fragen auf ein Blatt Papier, in eine Datei oder in Ihr Tagebuch. Notieren Sie das Datum und machen Sie im nächsten Schuljahr diese Bilanz noch einmal. Anschließend vergleichen Sie Ihre Antworten und reflektieren die Ursachen der Veränderungen.

Fragenkatalog – Wie sieht es in meinem Leben aus?
→ Was ist mir wichtig?
→ Was macht mich zurzeit glücklich (zufrieden)?
→ Was macht mich zurzeit unglücklich (unzufrieden)?
→ Was kann ich verändern?
→ Womit muss ich mich arrangieren?
→ Zu welchen Veränderungen im Beruf hat mir bis jetzt der Mut gefehlt?
→ Was mache ich in meinem Lehrerberuf am liebsten?
→ Was möchte ich in 10 (oder 20) Jahren rückblickend über diese Zeit sagen können?
→ Was würde ich tun, wenn ich heute 3 Millionen Euro gewinnen würde?
→ Was wäre, wenn mein Tag 28 statt 24 Stunden hätte? Was würde ich in den geschenkten 4 Stunden tun? Wer und was ist mir wichtig?

Wer und was ist mir wichtig?

„Beziehungsbild"

Nehmen Sie ein großes, leeres Blatt Papier, notieren Sie rechts oben das Datum, malen Sie in die Mitte einen Kreis und schreiben Sie Ihren Namen oder einfach „Ich" hinein. Jetzt gehen Sie in Gedanken Ihren Freundes- und Bekanntenkreis und Ihr Kollegium durch und schreiben die Namen der wichtigen und weniger wichtigen Menschen zum

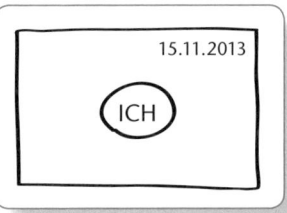

aktuellen Zeitpunkt auf das Blatt. Je wichtiger Ihnen jemand im Moment ist, desto näher steht er um Sie herum. Ganz außen auf dem Blatt stehen also die Namen der Personen, die zurzeit eine eher untergeordnete Rolle in Ihrem Leben spielen. Markieren Sie mit Ihrer Lieblingsfarbe, mit wem Sie in den vergangenen Wochen zu wenig Zeit verbracht haben und mehr gemeinsame Stunden verbringen möchten. In einer anderen Farbe kennzeichnen Sie die Personen, für die Sie sehr viel, vielleicht zu viel Zeit verwendet haben.

Anhand dieser Personenkonstellation können Sie nun genau ablesen, wie Sie die Zeit, die Sie für Ihre Mitmenschen aufwenden, in Zukunft umverteilen möchten. Dabei helfen Ihnen die konkreten Zeitmanagementmethoden in Kapitel II und III.

Diese Übung lässt sich auch auf die Frage „Was ist mir zurzeit am wichtigsten?" abwandeln:

„Bild der Wichtigkeiten"

Nehmen Sie ein weiteres Blatt Papier, notieren Sie wieder rechts oben das Datum, malen Sie in die Mitte wie oben einen Kreis und schreiben Sie Ihren Namen oder einfach „Ich" hinein. Was Ihnen zurzeit besonders wichtig ist, schreiben Sie dicht um Ihren „Ich-Kreis" herum. Je weniger wichtig eine Aufgabe oder Angelegenheit für Sie ist, desto weiter entfernt steht der entsprechende Stichpunkt von Ihrem „Ich" entfernt.

Wenn Sie das Gefühl haben, dass Sie für eine Angelegenheit genau das richtige Maß an Zeit aufwenden, malen Sie einen Smiley dazu. Wenn Sie jedoch der Meinung sind, dass Sie für etwas, das nah an Ihrem „Ich" steht, zu wenig Zeit haben bzw. für etwas, das am äußersten Blatt-Rand steht, zu viel Zeit verschwenden, malen Sie dick, rote Fragezeichen hinzu. Schauen Sie sich Ihre „Gemälde" genau an und überlegen Sie, was Sie genau verändern möchten und wie Sie es tun können.

Die Ergebnisse dieser beiden Übungen sind Momentaufnahmen, die Sie aufheben sollten, bis Sie in einigen Monaten noch einmal eine solche Bilanz ziehen. Wenn Sie in regelmäßigen Abständen ein „Beziehungsbild" und ein „Bild der Wichtigkeiten" herstellen, können Sie sie miteinander vergleichen und sich bewusst überlegen, ob die Konstellationen mittlerweile für Sie so okay sind oder ob es einige Menschen in Ihrem Umfeld gibt, die Sie zu viel Zeit kosten, obwohl Sie das eigentlich gar nicht wollen, und ob Sie andere Prioritäten im Beruf oder/ und privat setzen sollten, um einer Überforderung entgegenzuwirken und um mehr Kraft zu tanken und Ausgeglichenheit und Zufriedenheit zu empfinden.

Mein Leben als Kreisdiagramm

Damit Schule und Privatleben im Gleichgewicht bleiben, sollten Sie sich den Anteil dieser beiden Aspekte in Ihrem Leben veranschaulichen: Malen Sie einen Kreis und teilen Sie ihn wie bei einem Kreisdiagramm in drei Bereiche:

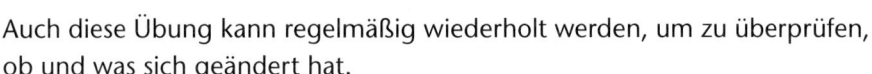

→ Lehrerdasein   → Familie + Freunde   → Ich + Hobbys + Gesundheit

Wählen Sie die Größe jedes Bereichs so, dass sie widerspiegelt, wie viel Prozent der Zeit Sie momentan etwa für diesen Bereich aufbringen. Sind alle drei Bereiche einigermaßen gleich groß? Oder ist z. B. der „Ich + Hobbys + Gesundheit"-Bereich im Vergleich zu den anderen sehr klein? Dann kommt er in Ihrem Leben vielleicht etwas zu kurz. Überlegen Sie sich anhand dieser Zeichnung, ob Sie mit der Zeitverteilung zufrieden sind oder ob und wie Sie sie mithilfe dieses Buches ändern möchten.

Denken Sie dabei auch an Folgendes: Je mehr die Schule den Alltag bestimmt, desto häufiger werden soziale Kontakte vernachlässigt, die aber eigentlich gerade in stressigen und schwierigen Situationen besonders wichtig sind, da sie uns ein Gefühl des Aufgefangenwerdens und der Unterstützung geben und damit neue Energie liefern!

Auch diese Übung kann regelmäßig wiederholt werden, um zu überprüfen, ob und was sich geändert hat.

„Herr, gib mir die Gelassenheit, Dinge hinzunehmen, die ich nicht ändern kann, den Mut, Dinge zu ändern, die ich ändern kann, und die Weisheit, beides voneinander zu unterscheiden." (alte Volksweisheit)

Wenn Sie noch ein wenig mehr Zeit in Ihre zufriedene bis glückliche Zukunft investieren möchten, dann gehen Sie noch etwas mehr in die Tiefe und beantworten auch die nächsten Fragen in aller Ruhe (ebenfalls schriftlich).

Fragenkatalog – Selbsterkenntnis

→ Welche Erfolgssituationen fallen mir ein?

→ Warum war ich damals erfolgreich?

→ Was kann ich sehr gut?

→ Was glaube ich, gar nicht zu können?

→ Was würde ich heute in schwierigen Situationen anders machen?

→ Warum bin ich Lehrer geworden?

→ Welchen Menschen biete ich welchen Nutzen?

→ Welchen Menschen bereite ich Freude?

→ Welche Menschen machen mir Freude?

→ Welche Menschen fördern (behindern) mich in meiner Entwicklung?

→ Wie groß ist der Einfluss der Schule auf mein Privatleben?

→ Welche Entscheidungs- und Veränderungsmöglichkeiten habe ich?

→ Welchen Stellenwert hat Planung für mich?

→ Behalte ich stets den Überblick über mehr oder weniger wichtige Aufgaben?

→ Wie wichtig ist für mich eine detaillierte Unterrichtsvorbereitung?

→ Wie kreativ bin ich?

→ Bin ich im Unterricht konzentriert und habe ich ein gutes Gedächtnis?

→ Wie gehe ich mit Stress um?

→ Wie flexibel bin ich?

→ Wie verbringe ich meine Freizeit?

Zusammenfassung

„Selbsterkenntnis ist der erste Schritt zur Besserung!" – Diese Redensart beruht gewiss auf Erfahrung, denn tatsächlich ist es so, dass je mehr Zeit Sie investieren, um sich selbst und Ihr Umfeld genauer zu analysieren, Folgen abzuleiten, Handlungsbedarf zu erkennen und Änderungen zu wagen, desto eher werden Sie in Ihrem Beruf gelassener, zufriedener oder gar glücklich. Erfolg im Beruf sowie mehr Zeit für Familie, Freunde und sich selbst rücken so in greifbare Nähe.

3. Biorhythmus und Leistungskurven

„Morgenstund' hat Gold im Mund …" (Volksweisheit) – Ist das so?

■ Sind Sie eine Eule oder eine Lerche?

Auch was die Leistungsfähigkeit im Laufe des Tages betrifft, unterscheiden sich die Menschen sehr. Die einen wachen beim ersten Sonnenstrahl auf und trällern gleich ein Lied. Sie sind sofort da, voll konzentriert und leistungsfähig. Nach dem Mittagessen brauchen sie unbedingt ein kleines Nickerchen und wenn die Sonne untergeht, lässt auch ihre Schaffenskraft nach. Sie werden müde und gehen (würden gern) früh schlafen. Das sind die „Lerchen" oder auch „Abend-muffel". Die „Eulen" oder auch „Morgenmuffel" hingegen werden erst am Abend richtig munter. Dann können sie sich super konzentrieren und optimal arbeiten. Sie korrigieren Tests und Klassenarbeiten meistens bis in die Nacht hinein und auch die Vorbereitung für den Unterricht am nächsten Tag gelingt am besten und schnellsten in den Abendstunden. Morgens jedoch kommen Sie nur schwer aus dem Bett und brauchen lange, bis ihr Motor richtig warm-gelaufen ist.

Der Unterricht beginnt allerdings i.d.R. um 8 Uhr und nimmt damit wenig Rücksicht auf die „Eulen". Hier gibt es nur die Möglichkeit, den Konrektor zu bitten, wenn möglich nicht unbedingt in den ersten zwei Stunden, sondern bevorzugt in den letzten Stunden (auch nach der Mittagspause) eingesetzt zu werden. In manchen Kollegien quälen sich sowohl die „Lerchen" als auch die „Eulen", weil das Thema Biorhythmus nicht angesprochen wird oder die Kollegen sich nicht trauen, darauf hinzuweisen. Hören Sie sich doch einmal unter den Kollegen um, ob es noch mehr „Eulen" gibt, die das Thema mit Ihnen gemeinsam ansprechen würden. Sollte die Schulleitung dennoch kein Verständnis dafür aufbringen oder falls es schlicht organisationstechnisch nicht möglich ist, den Stundenplan dementsprechend auszurichten, haben Sie aber immer noch die Möglichkeit, die Zeit vor und nach der Schule so zu nutzen, dass Sie Ihrem Biorhythmus entspricht – und das gilt natürlich auch für „Lerchen"!

Leistungskurve der Lerchen ...

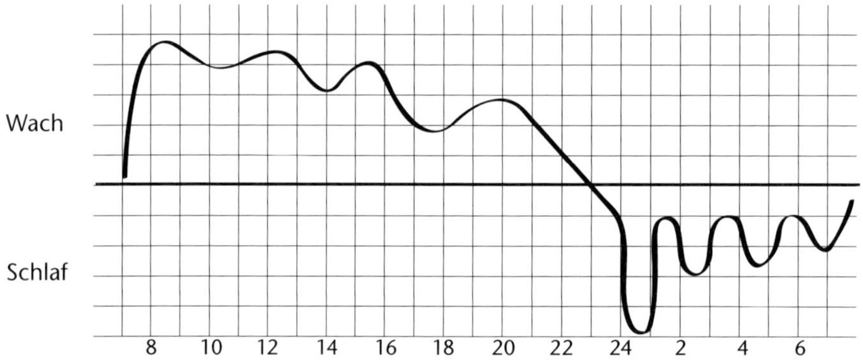

... und der Eulen

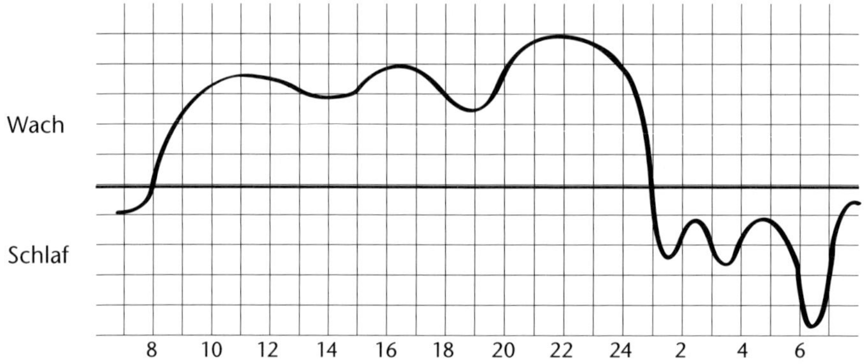

Quelle: Eigene Darstellung nach Graichert, W. U.; Seiwert, J. L.: ABC der Arbeitsfreude, Gabal 1999, S. 47

Nach der Theorie die Praxis: Beobachten Sie an mehreren Tagen, wann Sie besonders leistungsfähig sind und wann Sie in ein Leistungstief kommen, und erstellen Sie dann Ihre persönliche Leistungskurve!

Und was bringt Ihnen diese Analyse der Leistungsfähigkeit? Während der Schulzeit müssen Sie natürlich funktionieren, ganz gleich wie Sie sich fühlen. Das kostet oft eine Menge Energie und viele Lehrer sind nach der Schule entsprechend ausgelaugt und brauchen erst einmal eine ausgiebige Regenerationszeit, bevor sie wieder in der Lage sind, konzentriert zu arbeiten. Am Nachmittag und Abend können Sie sich Ihre Zeit jedoch relativ frei einteilen und Ihre Arbeitsphasen in Ihr Leistungshoch legen – je nach Typ vielleicht von 18–20 Uhr oder von 20–22 Uhr. In diesen Phasen gehen Korrekturen und auch die Unterrichtsvorbereitung dann am schnellsten und effizientesten von der Hand. Routinearbeiten, wie z. B. den Schreibtisch aufräumen, Arbeitsblätter und Infos abheften, E-Mails checken oder Telefonate führen, können Sie auch im Leistungstief erledigen. Das bedeutet für die „Lerche" also abends und für die „Eule" nach dem Mittagessen oder – wenn sie doch früh aufsteht, weil besonders viel zu tun ist – morgens vor der Schule.

> **Tipp:** Wer ständig gegen seine innere Uhr arbeitet, ist leistungsschwächer und kann auf Dauer sogar krank werden. Versuchen Sie also, so gut es geht Ihrem eigenen Biorhythmus zu folgen!

Essgewohnheiten

„Ein voller Bauch studiert nicht gern!"

Was Sie bei der Planung der zu erledigenden Aufgaben ebenfalls beachten sollten, ist Ihr Ess-Rhythmus: Nach einem ausgiebigen Essen können Sie von Ihrem Gehirn keine Höchstleistungen erwarten, denn dann werden die Verdauungsorgane besonders stark durchblutet und Ihr Gehirn wird dafür auf „Sparflamme" gesetzt. Die Folgen sind Müdigkeit und Konzentrationsschwäche. Je fetter, d. h. schwerer verdaulich die Speisen sind, desto länger liegen sie im Magen und mindern die Arbeitsfähigkeit.

Süßes sorgt zwar für einen schnellen Anstieg des Blutzuckerspiegels, aber auch für ein entsprechend schnelles Absinken, da dem Körper signalisiert wird, er brauche keine Glukose zur Verfügung zu stellen, da weiterhin genug Nachschub käme.

Versuchen Sie also lieber, standhaft zu bleiben, auch wenn – besonders in Stresszeiten – der Wunsch nach Süßem zunimmt. Dieser Wunsch ist ein Versuch des Körpers, Beruhigung herzustellen (so wie eine heiße Milch mit Honig am Abend entspannt und beruhigt), was jedoch meist nicht gelingt, da der Stress in der Regel zu groß ist. Zucker gibt nur kurzfristig ein entspanntes Gefühl und mehr Leistungsfähigkeit, langfristig raubt er dem Körper Energie, macht müde und leistungsschwach und u. U. auch nervös oder gar aggressiv.

Tipp: Wenn Sie erfolgreich geistig arbeiten und Ihre Konzentration erhalten wollen, …

→ legen Sie Ihre Essenszeiten in Ihre leistungsschwächeren Zeiten.

→ nehmen Sie mehrere, aber dafür kleinere Mahlzeiten pro Tag zu sich.

→ essen Sie weniger Fettes und Süßes.

Zusammenfassung

Stellen Sie fest, ob Sie eine „Lerche" oder eine „Eule" sind, und erstellen Sie Ihre persönliche Leistungskurve. Beachten Sie Ihren Biorhythmus bei der Zeitplanung, um Arbeiten, die Ihre volle Konzentration fordern, in Ihre Leistungshochs legen zu können und Routinearbeiten sowie auch Mahlzeiten in Ihre Leistungstiefs.

4. Erwartungen von außen und innen

◼ Erwartungen von außen

Vor allem im Beruf, aber auch im Privatleben haben unsere Mitmenschen Erwartungen an uns, die wir erfüllen sollen und meistens auch erfüllen wollen. Verschaffen Sie sich einen Überblick darüber, welche Erwartungen von außen an Sie herangetragen werden.

Welche Erwartungen werden von außen an mich gestellt?

Erwartungen von Schülern, Eltern, Kollegen und der Schulleitung

→ den Unterricht gründlich vorbereiten

→ guten, motivierenden Unterricht machen und dabei am besten selbst immer motiviert und gut gelaunt sein

→ jeden Schüler entsprechend seinen Fähigkeiten individuell fördern und fordern

→ den Stoff bis zum Schuljahresende durchbekommen

→ gerechte Noten geben

→ Streit schlichten und Mobbing verhindern

→ Vertretungsstunden übernehmen

→ aufmerksam die Pausenaufsichten durchführen

→ immer ein offenes Ohr für die Schüler haben

→ immer ein offenes Ohr für die Eltern haben

→ im Kollegium immer hilfsbereit sein

→ sich regelmäßig mit den Kollegen über den Stand der
   Schüler austauschen
→ mit Kollegen Absprachen in den Fächern und Jahrgangsstufen treffen
→ Korrekturen schnell vornehmen
→ Verwaltungsaufgaben erfüllen
→ Fortbildungen machen und möglichst immer die neusten pädagogischen
   Konzepte kennen und anwenden
→ außerschulische Lernorte mit einbeziehen
→ spannende Klassenfahrten organisieren

Erwartungen von der Familie und von Freunden
→ sich an der Hausarbeit beteiligen/den Haushalt führen
→ die Kinder erziehen
→ regelmäßig etwas mit dem Partner und/oder mit den
   Kindern unternehmen
→ mit Freunden Kontakt halten und regelmäßig etwas mit
   ihnen unternehmen

Je nachdem, ob sie single sind, in einer kleinen oder großen Familie leben, ob
Sie viele Freunde haben, ob Sie Teil einer kooperativen Nachbarschaft sind, in
Vereinen oder sonst ehrenamtlich aktiv sind – privat und beruflich agieren
Sie in den unterschiedlichsten Rollen. In jeder Rolle werden andere Anforderun-
gen und – sowohl reale als auch vermeintliche – Erwartungen an Sie gestellt.
Nehmen Sie die oben stehende Liste als Grundlage und erstellen Sie für sich
eine ganz individuelle Liste mit allen Erwartungen, die Ihrer Meinung nach an
Sie gestellt werden. Überprüfen Sie dann kritisch, welche der Erwartungen
real sind, also tatsächlich von außen an Sie herangetragen werden, und welche
Erwartungen nur in Ihrem Inneren entstehen und mit der Wirklichkeit gar
nichts zu tun haben.

■ Erwartungen von innen

Wie wir uns unseren Mitmenschen gegenüber verhalten, ob wir hilfsbereit sind
oder ablehnend, ob wir uns immer gleich angesprochen fühlen, etwas zu tun,
etwas zu verändern, oder ob es uns mehr oder weniger egal ist, ob Menschen
uns vielleicht brauchen und wir in erster Linie an uns denken – all das hängt
natürlich von unserer Persönlichkeit, unseren Erfahrungen, die wir im Laufe des
Lebens gesammelt haben, und zu einem großen Teil von den Botschaften ab,
die wir in unserer Kindheit erhalten haben, z. B.:

„Du musst immer hilfsbereit sein!"
„Du musst alle Erwartungen, die an dich gestellt werden, erfüllen!"

„Du darfst nicht egoistisch sein!"
„Du musst immer zuerst an dich denken!"
„Du musst immer darauf achten, dass du nicht zu kurz kommst."

Diese Botschaften werden nicht unbedingt konkret ausgesprochen, sondern eher vorgelebt oder es werden gewünschte Verhaltensweisen entsprechend durch Belohnungen verstärkt oder unerwünschtes Verhalten entsprechend missbilligt oder bestraft. So entstehen langfristig gefestigte „innere" Erwartungen, die wir an uns selbst haben.

Wenn in der Kindheit zusätzlich auch Botschaften wie z. B.

„Du musst schlauer, besser, erfolgreicher sein als andere!"
„Du musst perfekt sein!"
„Du musst dich anstrengen!"
„Du musst stark sein!"
„Du darfst deine Zeit nicht verschwenden!"

hinzukommen, dann ist die spätere „Arbeitssucht" praktisch vorprogrammiert.

In der Gesellschaft gibt es für diese Botschaften oft auch Redewendungen, die wir als Kind und als Erwachsener immer wieder zu hören bekommen und die uns so prägen, z. B.:

„Erst die Arbeit, dann das Vergnügen."
„Müßiggang ist aller Laster Anfang."
„Stiehl dem lieben Gott nicht die Zeit!"

Zu hohe Erwartungen der Eltern können dazu führen, …
- → dass bei dem Kind Versagensängste entstehen.
- → dass sich das Kind und später auch der Erwachsene nicht (kaum) gestattet, zu spielen, entspannt und auch mal „faul" zu sein.
- → dass sich das Kind mit dem besonders tüchtigen Elternteil und auch mit anderen sehr erfolgreichen Menschen im Umfeld identifiziert und später nicht nach eigene Bedürfnissen, Wünschen und Fähigkeiten lebt, sondern einen anderen Menschen nachahmt. Es werden für sich selbst nicht erreichbare Maßstäbe gesetzt, die zu Arbeitssucht und Perfektionismus führen und damit verbunden zu Stress und Leistungsminderung bis hin zur Erschöpfung.

Der Psychologe und Buchautor Friedemann Schulz von Thun spricht von „tuns-gestreichelten" Kindern, denen signalisiert wurde, sie seien nur dann liebenswert und würden nur dann tatsächlich geliebt, wenn sie Leistung zeigen und brav, sprich angepasst sind.

Als Pendant dazu gibt es die „seinsgestreichelten" Kinder, die die Erfahrung gemacht haben, dass sie, ganz gleich, wie fleißig oder faul, wie erfolgreich oder nicht erfolgreich sie waren, auf jeden Fall geliebt wurden. Diese Kinder sind später als Erwachsene viel weniger gefährdet, einem „Burnout" zu erliegen, sondern haben gute Chancen, selbstbewusst und sich ihres Wertes bewusst ihren Weg zu gehen, für sich zu sorgen und ganz gelassen auch mal „nein" sagen zu können.

Zu hohe eigene Erwartungen, deren Samen in der Kindheit gelegt wurde, sind nicht zu erfüllen, ohne dass langfristig negative Folgen eintreten. Wenn Sie die folgende Checkliste durchgehen, wird Ihnen sofort klar, dass für die Erfüllung dieser Wünsche ein Tag mindestens doppelt so viele Stunden haben müsste. Hier gilt es, genau hinzuschauen und zu überlegen, was in welcher Weise realistisch machbar und erreichbar ist.

Checkliste 3 – Welche Erwartungen habe ich an mich selbst?

☐ Ich möchte ein guter Vater/eine gute Mutter sein.
☐ Ich möchte viel Zeit für meinen Partner und für meine Kinder haben.
☐ Ich möchte genug Zeit für mich, für meine Hobbys, für Entspannung und Regeneration usw. haben.
☐ Ich möchte Haus und Garten in Ordnung halten.
☐ Ich möchte ein guter Freund/Nachbar/Kollege sein.
☐ Ich möchte ein erfolgreicher, bei Schülern und Kollegen beliebter Lehrer sein.
☐ Ich möchte Klassenarbeiten und Lernzielkontrollen immer schnellstmöglich zurückgeben.
☐ Ich möchte jederzeit für meine Schüler da sein.
☐ Ich möchte Schülern/Eltern in schwierigen Situationen helfen.
☐ Ich möchte in der Schule gut organisiert sein, Termine immer pünktlich einhalten und Vorgaben jeglicher Art präzise erfüllen.
☐ Ich möchte mich fortbilden und immer auf dem aktuellen Stand sein.

Und nun fragen Sie sich einmal, wie es um Ihren Berufsalltag bestellt ist. Viele Lehrer sind Perfektionisten und oft auch regelrecht „arbeitssüchtig". Überprüfen Sie anhand der folgenden Checkliste, ob die Arbeit für Sie auch zu einer „Droge" geworden ist! Kreuzen Sie einfach an, welche Aussagen auf Sie zutreffen:

Checkliste 4 – Bin ich arbeitssüchtig?

☐ Ich arbeite sehr gerne und sehr viel.
☐ Ich arbeite auch an den Wochenenden und in den Ferien.
☐ Ich brauche Stress, um mich gut zu fühlen.
☐ Ich arbeite oft bis in die Nacht hinein oder stehe morgens bereits sehr früh auf, um vor der Schule vorzubereiten oder zu korrigieren.

☐ Ich habe außer der Schule kaum andere Interessen.

☐ Ich denke rund um die Uhr an meine Schüler und den Unterricht.

☐ Ich mache am liebsten alles selbst.

☐ Wenn ich nichts zu tun habe, werde ich unruhig und bin schlecht gelaunt.

☐ Ich möchte in kurzer Zeit möglichst viel schaffen.

☐ Wenn ich schneller fertig bin als geplant, suche ich mir eine neue Aufgabe.

☐ Ich bin ein Perfektionist.

☐ Ich möchte nicht nur gut, sondern ausgezeichnet vorbereitet sein.

☐ Wenn ich alleine esse, dann lese oder korrigiere ich gleichzeitig für die Schule.

☐ Ich fühle mich oft total erschöpft.

☐ Ich habe oft Konzentrationsschwierigkeiten.

☐ Ich habe manchmal grundlos Angst.

☐ Ich habe oft Kopfschmerzen/Magenschmerzen/Kreislaufprobleme …

☐ Ich bin manchmal richtig deprimiert.

☐ Ich habe oft das Gefühl der Machtlosigkeit.

☐ Ich habe massive Probleme, einzuschlafen bzw. durchzuschlafen.

☐ Ich halte mich oft durch Arbeit in Schwung, um nicht schlappzumachen.

Wenn Sie mehr als fünf Feststellungen als zutreffend angekreuzt haben, gehören Sie zu den arbeitssüchtigen Lehrern, die es nicht recht schaffen, auf sich achtzugeben, und bei denen durchaus ein erhöhtes Risiko besteht, in absehbarer Zeit durch eine körperliche Krankheit oder/und durch eine totale Erschöpfung auszufallen. So wie jede Sucht auf bestimmte Ursachen zurückzuführen ist, so gibt es natürlich auch für die Arbeitssucht bestimmte Gründe. Zum einen sind es die Botschaften, die wir aus der Kindheit mitnehmen (siehe oben), zum anderen liegt es auch an der Erwartungshaltung der heutigen, stark leistungsorientierten Gesellschaft: Heutzutage wird viel stärker als früher von jedem erwartet, ständig erreichbar zu sein. Solch ein „Rund-um-die-Uhr-Arbeiter" wird stärker anerkannt und häufiger gelobt. Jemand, der auch mal nicht zur Verfügung steht und ab und zu die Seele baumeln lassen kann, bekommt in der Regel dafür keine Streicheleinheiten von seinen Mitmenschen.

So ist es verständlich, dass der Wunsch nach Anerkennung arbeitssüchtig machen kann – doch was ist der Preis dafür? Lassen Sie sich folgendes Zitat durch den Kopf gehen und überlegen Sie sich, ob Sie Ihre Arbeitssucht nicht doch etwas herunterschrauben können und wollen:

„Ein Mensch sagt und ist stolz darauf:
‚Ich geh' in meiner Arbeit auf!'
Doch bald darauf – nicht ganz so munter –
Geht er in seiner Arbeit unter." (Eugen Roth)

Zusammenfassung

Überdenken Sie Ihre Erwartungen an sich selbst sowie auch die Erwartungen, die von außen an Sie gestellt werden, und überlegen Sie sich, ob Sie nicht sich selbst, also Ihre Gesundheit und Zufriedenheit, mehr in den Vordergrund rücken können. Nur wenn Sie ab und zu egoistisch sind und vielleicht – wenn keine der bestehenden Aufgaben zu streichen sind – Ihr Engagement drosseln, können Sie langfristig eigenen und fremden Ansprüchen gerecht werden und gelassen und mit einem Lächeln Ihren Alltag meistern.

---

5. Nein sagen

Können Sie gut Nein sagen oder machen Sie alles, was man Ihnen aufträgt, auch wenn Sie sich damit total überfordert fühlen? Nein sagen fällt vielen Menschen schwer. Das hängt mit unserer Erziehung, unserer Persönlichkeit und unserem Selbstwertgefühl zusammen. Wir bekommen in der Kindheit gesagt, dass wir brav sein und den Erwachsenen gehorchen sollen, dass wir anderen helfen und sie nicht verletzen sollen (siehe zu diesen „Kindheits-Botschaften" auch Kapitel 4). Wir fühlen uns gut, wenn wir gebraucht werden, wenn man uns vertraut und uns etwas zutraut. Wer als Kind nur dann Zuwendung bekommen und sich geliebt gefühlt hat, wenn er etwas dafür getan hat, wenn er brav war, nicht widersprochen und Leistung erbracht hat, wird als Erwachsener schwerer Nein sagen als jemand, der erfahren hat, geliebt zu werden – ganz gleich, was er angestellt hat, – einfach weil er auf der Welt war. Letztere haben schon sehr früh gelernt, dass ein Nein nicht automatisch mit Liebesverlust und Zuwendungsentzug verbunden ist, also die Nein-sagende Person nicht angreift und schwächt.

Denken Sie doch einmal darüber nach, in welchen Situationen es Ihnen persönlich schwerfällt, Nein zu sagen. Überlegen Sie anhand folgender Checkliste, aus welchen Gründen Sie eher zu den Ja-Sagern gehören:

Checkliste 5 – Warum fällt es mir schwer, Nein zu sagen?

☐ Ich sage Ja, weil ich eine unangenehme Auseinandersetzung oder sonstige negative Konsequenzen befürchte.

☐ Ich möchte meine Kollegen nicht im Stich lassen und habe den Wunsch, Menschen jederzeit zu helfen. → „Helfersyndrom"

☐ Ich habe Angst, meine Mitmenschen durch ein Nein zu verletzen.

☐ Ich fühle mich verpflichtet, Ja zu sagen, weil man mir auch schon geholfen hat. Dafür möchte ich mich revanchieren.

☐ Ich fühle mich manchmal überrumpelt und sage dann Ja, obwohl ich mir vorgenommen hatte, Nein zu sagen.

☐ Ich sage Ja, weil ich den Zeitaufwand zunächst viel geringer einschätze, als er dann tatsächlich ist.

☐ Ich fühle mich gebraucht und unersetzlich, wenn ich Ja sage.

Was ist bei Ihrer Selbst-Analyse herausgekommen? Hier sind einige praktische Tipps aufgelistet, wie ein Nein gelingt:

Tipps fürs Nein-Sagen

→ Sagen Sie nicht sofort Nein, sondern neigen Sie den Kopf leicht zur Seite, warten Sie einen Moment und lassen Sie ein „Hm" hören.

→ Bitten Sie um Bedenkzeit – so müssen Sie sich nicht sofort für ein Ja oder Nein entscheiden.

→ Geben Sie Ihrer Freude Ausdruck, dass man sich ausgerechnet an Sie gewandt hat und Ihnen das Vertrauen entgegenbringt.

→ Wichtig ist eine persönliche Ansprache, wenn Sie Nein sagen.

→ Bleiben Sie immer freundlich: Sagen Sie Ihr Nein mit erhobenem Kopf und Augenkontakt und lächeln Sie dabei.

→ Zeigen Sie Verständnis für die Situation des Fragestellers.

→ Bedauern Sie, dass Sie Ihrem Gegenüber leider nicht helfen können.

→ Machen Sie deutlich, dass Sie zurzeit keine weitere Aufgabe übernehmen können, in Zukunft aber wahrscheinlich schon.

→ Erklären Sie, dass Sie im Augenblick jedem einen Korb geben würden, und dass es nicht an demjenigen liegt, der mit der Bitte auf Sie zugekommen ist.

→ Bleiben Sie sachlich, wenn Sie erklären, dass Sie die Aufgabe leider zurzeit nicht übernehmen können.

→ Sprechen Sie zuerst immer den Sachverhalt an, bevor Sie Ihre Gefühle in der Ich-Form zum Ausdruck bringen und eventuell kurz und klar Ihre Begründung nennen. Beispiel: „Ich verstehe Ihre schwierige Situation und freue mich, dass Sie bei dieser Aufgabe an mich gedacht haben, kann sie aber zum jetzigen Zeitpunkt (zu viel zu tun oder aus privaten

Gründen) leider nicht übernehmen. Nehmen Sie das bitte nicht persönlich, ich verteile im Moment nur Körbe, da es einfach nicht anders geht."

→ Rechtfertigen Sie sich nicht lang und breit für Ihr Nein – Rechtfertigung signalisiert Schwäche.

→ Belohnen Sie sich, wenn Sie es geschafft haben, Nein zu sagen.

Häufig ist es so, dass unsere Mitmenschen uns sehr gut kennen und genau wissen, wie Sie uns „anpacken" müssen, um ein Ja von uns zu bekommen. Machen Sie sich anhand der folgenden Checkliste einmal selbst Gedanken darüber, wo Ihre Schwachstellen liegen, damit Sie bei der nächsten Bitte, die an Sie herangetragen wird, nicht so leicht „in die Falle tappen":

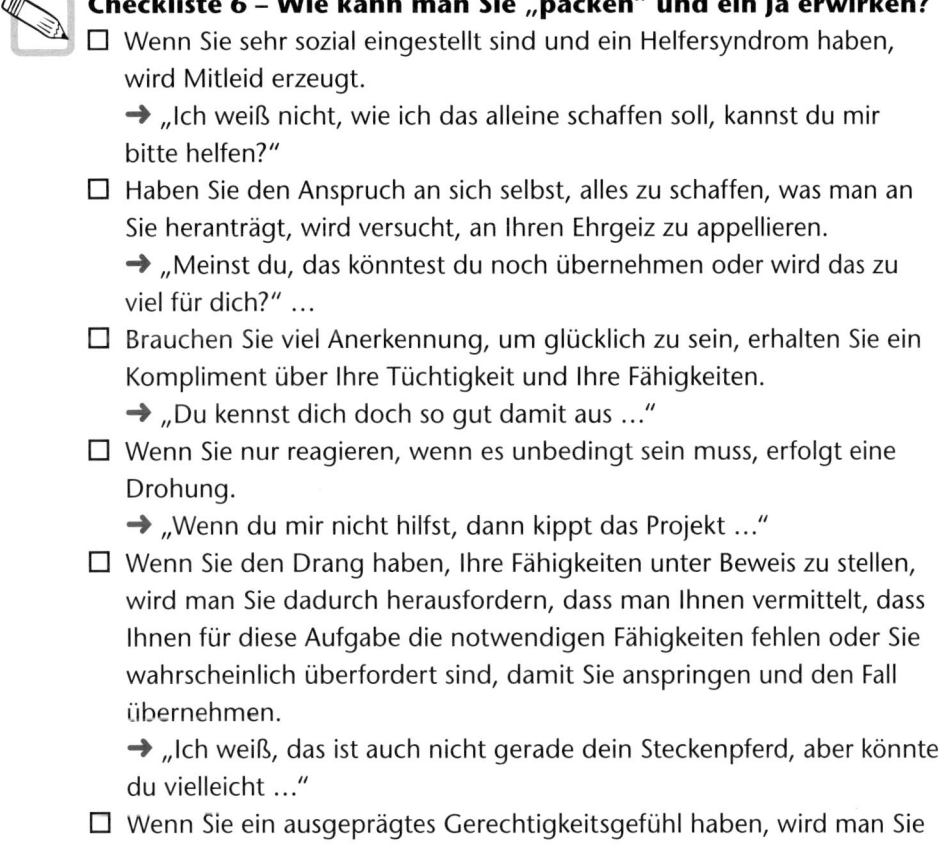

Checkliste 6 – Wie kann man Sie „packen" und ein Ja erwirken?

☐ Wenn Sie sehr sozial eingestellt sind und ein Helfersyndrom haben, wird Mitleid erzeugt.
→ „Ich weiß nicht, wie ich das alleine schaffen soll, kannst du mir bitte helfen?"

☐ Haben Sie den Anspruch an sich selbst, alles zu schaffen, was man an Sie heranträgt, wird versucht, an Ihren Ehrgeiz zu appellieren.
→ „Meinst du, das könntest du noch übernehmen oder wird das zu viel für dich?" …

☐ Brauchen Sie viel Anerkennung, um glücklich zu sein, erhalten Sie ein Kompliment über Ihre Tüchtigkeit und Ihre Fähigkeiten.
→ „Du kennst dich doch so gut damit aus …"

☐ Wenn Sie nur reagieren, wenn es unbedingt sein muss, erfolgt eine Drohung.
→ „Wenn du mir nicht hilfst, dann kippt das Projekt …"

☐ Wenn Sie den Drang haben, Ihre Fähigkeiten unter Beweis zu stellen, wird man Sie dadurch herausfordern, dass man Ihnen vermittelt, dass Ihnen für diese Aufgabe die notwendigen Fähigkeiten fehlen oder Sie wahrscheinlich überfordert sind, damit Sie anspringen und den Fall übernehmen.
→ „Ich weiß, das ist auch nicht gerade dein Steckenpferd, aber könntest du vielleicht …"

☐ Wenn Sie ein ausgeprägtes Gerechtigkeitsgefühl haben, wird man Sie an einen Gefallen erinnern, den man Ihnen neulich getan hat.
→ „Du, ich hab doch letzte Woche die Pausenaufsicht für dich übernommen, meinst du, du könntest …"

Wenn Sie die Tendenz zum Ja-Sagen haben, ist ein Nein in diesen Situationen natürlich schwer – aber nicht unmöglich! Wenn Sie sich Ihrer Schwächen bewusst sind und die oben aufgelisteten Tipps befolgen, wird es Ihnen bald viel leichter fallen, Absagen zu erteilen.

Denken Sie dabei immer daran:

→ Ein Nein setzt Grenzen und schützt.
→ Sie dürfen jederzeit Nein sagen. Sie brauchen keinen Grund für Ihr Nein.
→ Wer nicht Nein sagen kann, hilft seinen Mitmenschen dabei, ihn auszunutzen.
→ Wer zu allem Ja sagt, wird oft nicht ernst genommen und respektiert.

Was macht ein Nein mit Ihnen?

Versetzen Sie sich einmal in die Lage desjenigen, der von Ihnen ein Nein bekommt: Wie geht es Ihnen selbst, wenn Sie jemanden um etwas bitte, aber ein Nein zu hören bekommen?

Wer im Laufe des Erwachsenwerdens nicht begriffen hat, dass ein Nein in der Sache nicht gleichbedeutend ist mit einem Nein zu der Person, fühlt sich persönlich angegriffen und verletzt und reagiert entweder depressiv („Die anderen mögen mich nicht. Sicher liegt es an mir. Was habe ich nur wieder falsch gemacht? War meine Bitte zu viel verlangt?"), offen aggressiv oder schweigt und ist unterschwellig aggressiv. Er sagt: „Das macht doch gar nichts, ist schon in Ordnung!" oder „Ja, ich verstehe, du hast ja auch so viel zu tun!" und denkt: „Na warte, wenn du mich das nächste Mal um einen Gefallen bittest, dann sage ich aber auch Nein!"

Wer hingegen seine Persönlichkeit in der Kindheit frei entwickeln konnte, reagiert auf ein Nein gelassener. Er weiß, dass es nicht zwangsläufig Zurückweisung und Ablehnung der Person bedeutet, und kann weiterhin freundlich und sachlich bleiben.

> **Tipp:** Um möglichst auszuschließen, dass Ihr Anfragesteller sich bei einem Nein angegriffen fühlt, betonen Sie sehr deutlich, dass das Nein nichts mit der Person zu tun hat, sondern einfach mit Ihrer vielen Arbeit, und weisen Sie ausdrücklich darauf hin, dass Sie zu einem späteren Zeitpunkt gerne, eine Aufgabe übernehmen werden.

Dreimal Ja

Sagen Sie **Ja** zu sich selbst und damit auch mal Nein zu anderen.

Sagen Sie **Ja**, wenn eine Situation eintritt, die Sie sowieso nicht ändern können. Augen zu und durch!

Sagen Sie **Ja**, wenn Sie etwas tun müssen, was Ihnen unangenehm ist – eine positive Einstellung hilft Ihnen, besser damit umzugehen und es schneller hinter sich zu bringen.

Zusammenfassung

Das Nein-Sagen fällt vielen Menschen aus den unterschiedlichsten Gründen schwer. Verantwortlich dafür sind die Botschaften der Kindheit ebenso wie Erfahrungen und Erlebnisse im Berufsalltag, in der Familie und im Freundeskreis. Wer sich bewusst macht, warum er öfter Ja sagt, obwohl er Nein sagen möchte, wie er sich selbst fühlt, wenn er ein Nein erhält, und die Ursachen dafür kennt, schafft es in Zukunft mit ein paar Tipps für die richtige Vorgehensweise, leichter für sich zu sorgen und Zeit zu gewinnen, indem er öfter mal ein Nein ausspricht.

„Der eine wartet, dass die Zeit sich wandelt, der andere packt sie an und handelt"

(Dante Alighieri)

II

Grundlagen des Zeitmanagements

6. Ziele des Zeitmanagements

*„Jetzt sind die guten, alten Zeiten, nach denen wir uns
in zehn Jahren zurücksehnen!"* (Peter Ustinov)

Zeitmanagement sorgt dafür, die vorhandene Zeit und damit das Leben zu genießen und möglichst stressarm den Berufsalltag zu meistern und die Freizeit mit Freude zu gestalten. Mit ein bisschen Übung und Geduld kann jeder, der wirklich will, es schaffen, seine Zeit besser zu managen – wichtig dabei ist jedoch, keine zu hohen Erwartungen an sich selbst zu stellen und die vielen kleinen Erfolgserlebnisse bewusst wahrzunehmen, um Kraft und Zufriedenheit daraus zu schöpfen.

Das klingt, als wäre Zeitmanagement anstrengend, und tatsächlich wird niemand im Handumdrehen zum Profi-Zeitmanager. Lassen Sie sich aber nicht davon abschrecken, denn die Anstrengungen lohnen sich!

Was Zeitmanagement bewirkt

→ Sie haben immer einen Überblick.
→ Sie sind entspannter bei der Arbeit.
→ Sie arbeiten gezielt, erfolgreich und zufrieden.
→ Sie können im Unterricht souverän und gelassen mit schwierigen Situationen umgehen.
→ Sie können im Unterricht unangestrengt und oft mit Humor reagieren.
→ Sie können leicht Prioritäten setzen.
→ Sie genießen Ihre Freizeit und bauen den nicht zu verhindernden Stress ab.
→ Sie gestalten Ihre Zeit selbst und fühlen sich nicht fremdbestimmt.

Zusammenfassung

Zeit lässt sich nicht „sparen". Sie haben jedoch jeden Tag 24 Stunden, die Sie entweder schlecht oder gut organisieren können. Sie entscheiden, ob Sie mithilfe des Zeitmanagements genügend Zeit für sich selbst und für die Menschen und Tätigkeiten, die Ihnen wichtig sind, zur Verfügung haben.

„Wer die Zeit verklagen will, dass so zeitig sie verraucht, der verklage sich nur selbst, dass er sie nicht zeitig braucht." (Friedrich von Logau)

7. Zeitdiebe

„Es gibt Diebe, die nicht bestraft werden und einem doch das Kostbarste stehlen: die Zeit." (Napoleon Bonaparte)

Nicht nur der Waldarbeiter im Vorwort stöhnt: „Keine Zeit, keine Zeit!". Auch von Lehrern hört man dies sehr häufig. Der Zeitdieb des Waldarbeiters war die schlechte Säge, also ein stumpfes oder gar falsches Werkzeug. Die Zeitdiebe des Lehrers hingegen sehen anders aus, sind oft maskiert und nicht auf den ersten Blick als Zeitdiebe zu erkennen. Hinzu kommt, dass jeder Lehrer ganz individuelle Zeitdiebe hat – diese gilt es, erst einmal aufzuspüren, bevor man sie vertreiben kann.

> **Tipp:** Führen Sie eine Woche lang ein **Zeitprotokoll**. Stecken Sie einen kleinen Block und einen Stift griffbereit in Ihre Jacken- oder Hosentasche und notieren Sie genau, was Sie den ganzen Tag über tun. So können Sie Ihre persönlichen Zeitdiebe schnell ausfindig machen, um sie in die Flucht zu schlagen.

Im Folgenden werden die **häufigsten Zeitdiebe** des Lehreralltags genauer unter die Lupe genommen:

→ Sucher-Zeitdieb
→ Aufschieberitis-Zeitdieb
→ Ablenkungs-Zeitdieb
→ Verzettelungs-Zeitdieb
→ Perfektionismus-Zeitdieb
→ Prioritätenmuffel-Zeitdieb

→ Unorganisations-Zeitdieb
→ Sammler-Zeitdieb
→ E-Mail-Zeitdieb
→ Handy-Zeitdieb
→ Internet-Zeitdieb
→ Fernseh-Zeitdieb

Überlegen Sie beim Lesen, welche dieser Zeitdiebe für Sie persönlich häufig gefährlich werden!

▮ Sucher-Zeitdieb

Angeblich verbringt jeder Mensch im Durchschnitt mindestens eine Stunde täglich mit Suchen von irgendwelchen Dingen. Dieser Durchschnittswert kommt dadurch zustande, dass die einen ständig etwas suchen und die anderen fast nie. Aber nicht nur die ordentlichen Menschen, die für jeden Gegenstand immer einen bestimmten Ort haben, müssen kaum suchen. Es gibt auch Chaoten, die in ihrem Chaos nicht versinken, sondern mit einem Griff aus dem riesigen Durcheinander auf dem übervollen Schreibtisch das richtige Schriftstück hervorziehen und zwischen den Bücherstapeln auf dem Fußboden sofort das richtige Buch für die morgige Unterrichtsvorbereitung finden. Sollten Sie also zu den Chaoten gehören, finden sich aber immer gut zurecht, dann besteht für Sie nicht zwangsläufig Handlungsbedarf – was funktioniert, sollten Sie beibehalten!

> **Tipp:** Ihr Schreibtisch muss nicht unbedingt vollkommen leer sein, aber die Dinge, die Sie immer wieder brauchen, sollten einen festen Platz haben.

Lesen Sie die folgende Checkliste und prüfen Sie durch Ankreuzen, welche Anregungen Sie bereits befolgen. Suchen Sie sich dann als ersten kleinen Zeitmanagement-Schritt einen der nicht angekreuzten Punkte aus und setzen Sie diese Anregung um!

Checkliste 7– Hat bei Ihnen alles seinen Platz?

- ☐ Der Schlüssel hat einen festen Platz, z. B. im Flur, in der Nähe der Eingangstür.
- ☐ Der Geldbeutel verlässt nie die Schultasche/Handtasche oder liegt im Haus z. B. immer in derselben Schublade des Küchenschrankes oder Flurschrankes.
- ☐ Für das Handy steht in jedem Zimmer eine gut sichtbare, leuchtende Schale bereit. Falls Sie eine Lesebrille benutzen, legen Sie diese zum Handy in die gleiche Schale.
- ☐ Für wichtige Telefonnummern, Adressen usw. gibt es ein spezielles Buch, das auf oder im Schreibtisch bereitliegt.
- ☐ Wichtige Daten und Fakten werden auf der Schreibtischunterlage notiert, an die Pinnwand geheftet oder im Handy oder Laptop gespeichert.
- ☐ Arbeitsblättervorlagen landen – möglichst immer sofort – an der richtigen Stelle im entsprechenden Ordner.
- ☐ Jeder Ordner enthält farbige Zwischenblätter, die das Finden erleichtern.

◼ Aufschieberitis-Zeitdieb

Die Folge mangelnder Ordnung ist meistens eine chronische Aufschieberitis, wenn sie nicht die Ursache für Unordnung darstellt. Zum Sucher-Zeitdieb gesellt sich automatisch der Aufschieberitis-Zeitdieb, da die Lust, eine Arbeit anzufangen, durch das permanente Suchen schnell vergeht. Oder: Wer immer Dinge auf morgen verschiebt und keine Ordnung hält, bei dem bricht ganz sicher der Sucher-Zeitdieb ein.

„Was du heute kannst besorgen, das verschiebe nicht auf morgen!" (Volksweisheit)

In diesem Sprichwort geht es vor allem um Pünktlichkeit, Fleiß und fristgerechte Aufgabenerfüllung. Natürlich besteht beim ständigen Vor-Sich-Herschieben von Aufgaben die Gefahr, nicht pünktlich fertigzuwerden und Fristen nicht einzuhalten, selbst bei großem, allgemeinem Fleiß. Wichtig ist aber auch, zu erkennen, dass die Bezeichnung „Aufschieberitis" auf eine Krankheit hindeutet, und in der Tat bindet dieser Zeitdieb ebenso wie eine körperliche Krankheit Kräfte und Gedanken. Dies führt zu Energiemangel und Lustlosigkeit und kostet damit Zeit. Wenn Sie an Aufschieberitis „leiden" und sie „heilen" wollen, so gibt es dafür eine vielversprechende Kur, deren Anwendungen sie regelmäßig befolgen sollten:

Hilfe bei Aufschieberitis
→ Gründe für das Aufschieben von Aufgaben aufschreiben
→ Aufgabenliste erstellen
→ Prioritäten setzen
→ Schritt für Schritt abarbeiten
→ Gegenüberstellung der Vor- und Nachteile des Aufschiebens
→ Termine und Zwischentermine setzen (z. B. bis zum 1.9. die Hälfte des Buches lesen und bis zum 14.9. das ganze Buch)
→ Selbstkontrollen (z. B. am Ende des Tages, der Woche, zu den Zwischenterminen überprüfen, wie weit Sie gekommen sind)
→ Selbstbelohnungen

> **Tipp:** Verwenden Sie z. B. die **Steintechnik**: Legen Sie am Abend auf Ihren Schreibtisch unterschiedliche Steine (oder andere kleine Gegenstände, wie z. B. Muscheln) für Ihre morgen (oder bis zum Ende der Woche) zu erledigenden Aufgaben. Immer wenn Sie am nächsten Tag (in den nächsten Tagen) eine Aufgabe erledigt haben, nehmen Sie einen Stein weg und freuen sich über das, was Sie bereits geschafft haben. Die Steintechnik ist übrigens gleichzeitig eine Gedächtnistechnik: Indem man jeden Stein in der Vorstellung mit einer Aufgabe oder einem Schlüsselbegriff verbindet und ein fantasievolles Gedankenbild erstellt, erfolgt eine sichere Speicherung und später ein schnelles Erinnern (siehe hierzu: Oppolzer, U.: „Verflixt, das darf ich nicht vergessen!", Bd. 3, Humboldt 2009, ISBN 978-3-86910-455-3).

Ablenkungs-Zeitdieb

Gehören Sie zu den Menschen, die sich gern ablenken lassen durch Gespräche mit Kollegen, Freunden und Bekannten, die gern mal aus dem Fenster schauen und ein wenig tagträumen? Wenn Sie es in Zukunft schaffen, Ihren Ablenkungs-Zeitdieb nicht kommen und gehen zu lassen, wann er will, sondern ihn gezielt in einer geplanten Pause rufen, arbeiten Sie effizienter!

> **Tipp:** Suchen Sie sich in der Schule in den Freistunden einen Arbeitsplatz, an dem Sie möglichst ungestört sind, z. B. einen zurzeit nicht benutzten Klassenraum, den Besprechungsraum o. Ä.
>
> Müssen Sie jedoch im Lehrerzimmer arbeiten, stellen Sie ein Schild auf Ihren Platz „Bin in der nächsten Pause für dich da!" oder sagen Sie es einem Kollegen, der Sie anspricht, freundlich und kurz und arbeiten Sie dann sofort weiter.
>
> Lassen Sie sich alle 5 oder 10 Minuten von einem leisen Handy-Ton daran erinnern, dass Sie arbeiten wollen, sowohl in der Schule als auch zu Hause bei der Unterrichtsvorbereitung, beim Korrigieren und beim Telefonieren.
>
> Planen Sie mehr kurze Pausen ein, das motiviert und erhöht Ihre Konzentration.

Verzettelungs-Zeitdieb

Wer sich leicht ablenken lässt, verzettelt sich auch leicht. Dieser Zeitdieb schlägt gerne dann zu, wenn Sie Ihren Blick schweifen lassen oder wenn Sie bspw. bei einer Recherche auf ein Thema stoßen, das Sie interessiert. Dann wird Ihr Fokus schnell von der momentanen Arbeit auf die neue Information umgelenkt. Gerade diejenigen Lehrer, die viele Interessen haben, sehr wissensdurstig sind und auch versuchen, möglichst viele Dinge gleichzeitig zu erledigen, verzetteln sich oft.

> **Tipp:** Strukturieren Sie Ihre Arbeit, geben Sie sich konkrete Zeitvorgaben für Aufgaben, aber auch für Pausen, damit Sie Ihren Verzettelungs-Zeitdieb besiegen.

■ Perfektionismus-Zeitdieb

Wenn Sie zu den Perfektionisten gehören, dann kostet Sie der Wunsch, Dinge immer 100%ig zu erledigen, viel Zeit. Es ist sicher schwer, über seinen eigenen Schatten zu springen, aber denken Sie z. B. an das Pareto-Prinzip (siehe S. 85) und versuchen Sie es einmal mit 80 % Aufwand statt 100 %. Niemand wird es merken, denn das Ergebnis unterscheidet sich nur minimal.

> **Tipp:** Belohnen Sie sich jedes Mal, wenn Sie Ihrem Perfektionismus ein Schnippchen geschlagen haben.

■ Prioritätenmuffel-Zeitdieb

Wenn Sie eine Aufgabe nach der anderen erledigen, ohne auf Wichtigkeit und vor allem Dringlichkeit zu achten, kommen Sie zwar einerseits schnell voran, andererseits aber auch schnell in Stress, wenn Sie plötzlich feststellen, dass bereits am nächsten Tag ein wichtiger Abgabetermin ist oder Sie gar eine Frist versäumt haben. Nur wenn Sie den Prioritätenmuffel in sich besiegen, wird dieser Zeitdieb verschwinden und Sie werden Ihre dringlichen Aufgaben rechtzeitig erledigen – und zwar ganz ohne Stress.

> **Tipp:** Bevor Sie wie ein Zeitmanagementprofi eine Prioritätenliste aufstellen, beginnen Sie damit, sich jeden Morgen *eine* Aufgabe vorzunehmen, die unbedingt heute erledigt werden muss, und belohnen Sie sich, wenn Sie es geschafft haben.

■ Unorganisations-Zeitdieb

Noch schwieriger wird es, wenn Sie nicht nur ein Prioritätenmuffel sind, sondern ganz allgemein ein Problem damit haben, sich und Ihre Arbeit zu organisieren. Da hilft nur ein Grundkurs in Organisation (siehe S. 160), viel Geduld und eine große Portion Motivation.

Hier gilt ganz besonders: Um ein guter Zeitmanager zu werden, müssen Sie zunächst einmal Zeit investieren.

> **Tipp:** Wenn Sie bisher eher unorganisiert waren, versuchen Sie nicht gleich morgen, ein Organisationsprofi zu werden, sondern belohnen Sie sich für jeden kleinen Schritt, den Sie in diese Richtung gegangen sind.

Sammler-Zeitdieb

Wer der Sammelleidenschaft erlegen ist und ständig Zeitungsartikel und interessante Texte aus Büchern und Zeitschriften kopiert oder einscannt, wer andauernd „wichtige" Informationen im Internet sucht, speichert und kopiert, braucht viel Zeit, um diese vielen Infos zu verwalten. Fehlt es an der optimalen Organisation, so ist wieder einmal das Chaos vorprogrammiert und der „Sucher-Zeitdieb" schlägt zusätzlich zu.

> **Tipp:** Wenn Sie ein leidenschaftlicher Sammler sind, betrachten Sie das Sammeln als Ihr Hobby, an dem Sie sich *nach* Ihrer Arbeit erfreuen. Versuchen Sie während der Arbeit jedoch, dieses Hobby abzuschütteln, und stellen Sie sich jedes Mal die Frage, ob dieses oder jenes wirklich unbedingt aufgehoben werden muss und wann bzw. wie oft Sie es tatsächlich noch einmal brauchen werden.

E-Mail-Zeitdieb

E-Mails versenden und empfangen geht schnell und einfach – und doch kostet das E-Mail-Postfach viel Zeit. Wichtige und unwichtige E-Mails überfluten uns. Werbung landet oft nicht im Spam-Ordner. Wenn Sie online sind, ertönt jedes Mal beim Eintreffen einer E-Mail ein Signal und Sie werden in Ihrer Arbeit unterbrochen. Schauen Sie dann mal kurz, wer geschrieben hat, und antworten auch gleich, so war diese E-Mail nicht nur eine kurze Unterbrechung, sondern eine richtige Störung, denn es kostet Sie oft mehrere Minuten, bis Sie wieder konzentriert bei Ihrer Arbeit sind. Wenn Sie mehrfach am Nachmittag und Abend „kurz mal schauen", wer geschrieben hat, kommen pro Tag schon viele Minuten Zeitverlust zusammen.

> **Tipp:** Deaktivieren Sie das automatische Abrufen der Nachrichten und legen Sie feste Zeiten für das E-Mail-Checken ein, z. B. einmal nach der Mittagspause in der Warmlaufphase für die Unterrichtsvorbereitung und ein zweites Mal am Ende Ihres Arbeitstages, um dann entspannt Ihr Privatleben und Ihre Freizeit genießen zu können.

Handy-Zeitdieb

Ein Anruf schnell mal zwischendurch oder eine kurze SMS kosten zwar nur wenige Sekunden oder Minuten. Wenn Sie jedoch die Zeit addieren, in der im Laufe des Tages das Handy oder Smartphone im Einsatz ist – nicht mitgerechnet die Minuten des Umschaltens auf Ihre Aufgaben – so kommen bestimmt wertvolle Minuten und Stunden zusammen. Ähnliches wie bei den E-Mails gilt auch für das Handy (s. o.)!

> **Tipp:** Sorgen Sie für sich und bestimmen Sie selbst, wann Sie erreichbar sind. So wie Sie für Ihre E-Mails Check-Termine festlegen, so können Sie Ihr Handy während der Unterrichtsvorbereitung oder beim Korrigieren auf lautlos stellen oder ganz abschalten und/oder die Mailbox aktivieren (beim Telefon den Anrufbeantworter). Legen Sie das Handy in den Arbeitsphasen weit weg und schauen Sie erst nach einer erledigten Aufgabe wieder drauf.

Internet-Zeitdieb

Das Internet erleichtert das Suchen bestimmter Informationen, es verführt jedoch auch dazu, interessante Dinge nachzuschauen, auch wenn sie im Moment gar nicht gebraucht werden. So scheint die Zeit im Internet viel schneller zu rennen.

Hier schlagen gleich drei Zeitdiebe gleichzeitig zu: Der Ablenkungs-Zeitdieb, der Verzettelungs-Zeitdieb und der Internet-Zeitdieb.

> **Tipp:** Machen Sie sich bewusst, wie viel Zeit Sie das Surfen im Internet kostet. Und wenn Sie sagen: Ja, es kostet viel Zeit, aber es macht mir auch viel Spaß, dann betrachten Sie das Internet als Ihr Hobby, das Sie nach der Arbeit ausüben.

Fernseh-Zeitdieb

Das Fernsehen bietet viele interessante Sendungen für zahlreiche Unterrichtsfächer, mit denen Sie sich weiter informieren und auf dem neuesten Wissensstand halten können. Außerdem bietet es viel Unterhaltung, die zwar vom Schulalltag abschalten lässt, aber auch leicht zu einer Zeitfalle werden kann.

Tipp: Planen Sie Ihren Fernsehkonsum. Schauen Sie in einer Fernsehzeitschrift oder im Internet, was in der kommenden Woche für Sie Interessantes zu sehen ist, programmieren Sie Ihren Fernseher und/oder tragen Sie die Zeiten in Ihren Terminkalender ein. So konsumieren Sie bewusst das, was Sie wirklich interessiert, und laufen nicht Gefahr, durch zielloses „Herumzappen" Zeit zu vergeuden.

Zusammenfassung

Menschen verlieren viel Zeit durch Suchen, durch das Aufschieben von Tätigkeiten, durch Ablenkungen und Verzettelung, durch den Ehrgeiz, perfekt sein zu wollen, durch eine chaotische Arbeitsweise, durch mangelnde Prioritätensetzung, durch eine Sammelleidenschaft und durch übertriebene und/oder falsche Benutzung der Kommunikationsmedien. Kurzum: Zeitdiebe lauern überall. Wichtig ist, Ihre persönlichen Zeitdiebe bspw. mithilfe eines Zeitprotokolls möglichst schnell ausfindig zu machen, um sie einfangen zu können.

„Mein Erbteil, wie herrlich, weit und breit!
Die Zeit ist mein Besitz, mein Acker ist die Zeit." (Johann Wolfgang von Goethe, Divan)

8. Zielsetzung, Planung und Prioritäten

„Wer den Hafen nicht kennt, in den er segeln will, für den
ist kein Wind ein günstiger!" (Seneca)

■ Zielsetzung

Wenn Sie sich Ziele setzen und sie immer im Blick haben, können Sie auf direktem Weg mit viel Motivation und Energie diese Ziele erfolgreich anstreben.

Vorteile der Zielsetzung
→ Sie behalten immer einen Überblick.
→ Sie setzen die richtigen Prioritäten.
→ Sie setzen Ihre Fähigkeiten optimal ein.
→ Motivation und Aufmerksamkeit werden gesteigert.
→ Ziele bündeln Energie.
→ Ihr Geist und Ihr Körper stellen sich automatisch auf Ihr Ziel ein.
  Sie sind positiv programmiert.

Tipps:

→ Setzen Sie sich erreichbare Ziele.

→ Schreiben Sie Ihre Ziele auf.

→ Formulieren Sie konkret und planen Sie genau.

→ Ordnen Sie in langfristige und kurzfristige Ziele = Zwischenziele.

→ Unterstreichen Sie Ihre Ziele je nach Priorität einmal, 2-mal oder 3-mal.

→ Kontrollieren Sie regelmäßig, wo auf dem Weg zum Ziel Sie sich gerade befinden.

→ Belohnen Sie sich, wenn Sie ein Ziel erreicht haben.

■ SMART(e) Ziele

Ein bewährtes Werkzeug für eine effektive Zielsetzung ist es, bei jedem Ziel zu fragen, ob es „SMART" ist. Das Akronym SMART steht für „**S**pecific **M**easurable **A**ccepted **R**ealistic **T**imely" und bündelt damit die wichtigsten Kriterien zur eindeutigen Definition von Zielen. Es geht also um präzise Zielformulierungen und die SMART-Formel ist sozusagen Ihre Checkliste dafür.

S = spezifisch

M = messbar

A = aktionsorientiert und anspornend

R = realistisch

T = terminiert

(nach Seiwert, L. J.: „Wenn du es sehr eilig hast, gehe langsam", Campus 2012)

Haben Sie bspw. den Vorsatz: „Zukünftig möchte ich die Berge auf meinem Schreibtisch nicht mehr so enorm anwachsen lassen", so ist das noch kein präzise definiertes Ziel; die Zielsetzung ist nicht konkret genug. Im Folgenden soll erklärt werden, was sich hinter der SMART-Formel konkret verbirgt:

Spezifisch bedeutet, dass Sie genau beschreiben, wie das Ziel aussieht, dass Sie eine genaue Vorstellung von dem Ergebnis entwickeln. Visualisieren Sie z. B. den leeren Schreibtisch. Formulieren Sie eindeutig, wie das Ziel aussehen soll: „Auf meinem Schreibtisch stehen Laptop und Drucker, liegen ein Lehrerkalender, eine Notizschreibunterlage, eine Schale mit Stiften ..."

Messbar bedeutet z. B., dass Sie klären könnten, wie viele Bücher und Papiere sie weggeräumt und eingeordnet haben. Sie formulieren bspw. für den Schreibtisch: „Die Arbeitsblätter auf dem Schreibtisch sortiere ich und hefte sie in entsprechenden Ordnern ab. Die private Post lege ich in die dafür vorgesehene Schublade, die Bücher stelle ich jeweils in die entsprechenden Regale, die

Zeitungen sortiere ich, schneide interessante Artikel aus und hefte sie ab und entsorge die Zeitungen …"

Aktionsorientiert und anspornend bedeutet, dass Sie ein positives Gefühl entwickeln bei der Vorstellung der Zielerreichung. Nur ein positives Gefühl wird Sie motivieren, weitere Ziele anzustreben. Machen Sie in der Vorstellung die Tür zu Ihrem Arbeitszimmer auf, schauen Sie mit Wohlwollen auf Ihren aufgeräumten Schreibtisch. Setzen Sie sich und genießen Sie mit einem Lächeln die Ordnung.

Realistisch bedeutet, dass Sie genau die Zeit und die Vorgehensweise bestimmen sollen, die zum Ziel führen. Wenn Sie die Aufräumaktion Ihres Arbeitszimmers bis zum nächsten Tag abgeschlossen haben möchten, obwohl heute viele Termine anstehen, so werden Sie das Ziel vermutlich nicht erreichen und sind demotiviert. Überlegen Sie sich lieber genau, wie viel Zeit das Aufräumen vermutlich in Anspruch nehmen wird, und planen Sie es dann bspw. für den nächsten freien Nachmittag ein. Auch das Aufräumen Ihres Schreibtisches wird mehr oder weniger Zeit in Anspruch nehmen und sollte für einen Tag eingeplant werden, an dem Sie kaum oder keine festen Termine haben.

Terminiert bedeutet, dass Sie einen festen Termin in Ihren Kalender eintragen, bis wann das Ziel erreicht sein wird. Tragen Sie jedoch nicht nur den Zieltermin ein, sondern – bei umfangreicheren Zielen – auch Termine für Zwischenziele, an denen Sie sehen können, wie weit Sie schon gekommen sind. Das motiviert und spornt Sie an, wenn es noch einiges zu tun gibt. Für das Aufräumen Ihres Schreibtisches wird ein Termin genügen, während für das Aufräumen des Arbeitszimmers sicher mehrere Termine notwendig sind oder die ersten zwei oder drei Tage der Ferien eingeplant werden sollten.

> **Tipp:** Wenn Sie es nicht allein in der Hand haben, ein Ziel zu erreichen, dann sollten Sie eher von einem Wunsch sprechen, und zwar alles tun, was Sie für Ihren Wunsch tun können, aber keine Zielplanung entwickeln und sich immer überlegen, ob Ihr Krafteinsatz wirklich Früchte tragen wird.

■ Zielblockaden

„Ich bin nie gescheitert, sondern ich habe erfolgreich Wege verschüttet, die nicht zum Ziele führten." (Thomas Alva Edison)

Der US-Amerikaner Edison hatte eine Erfolg versprechende Einstellung: Er hat an sich geglaubt, sich das Ziel gesetzt, ein erfolgreicher Erfinder zu werden, und sich vorgenommen, alle Steine auf seinem Weg nicht nur zu ignorieren, sondern als Orientierungshilfen zu betrachten, um so irgendwann den richtigen Weg zum Erfolg zu finden. Von Edison stammt auch der Satz: „Erfindung ist zu 1 % Inspiration und zu 99 % Transpiration." Das heißt, ihm war klar, dass nicht nur positives Denken zum Ziel führt, sondern auch eine Menge Fleiß und sicher auch gut organisiertes Arbeiten.

Gehören Sie zu den positiv denkenden Menschen wie Edison oder zu den immerwährenden Zweiflern und Pessimisten, die sich keine Ziele setzen, weil sie Angst haben, zu scheitern oder gar Angst vor einem möglichem Erfolg haben? Die Weichen für solche Ängste und Zielblockaden werden in der Regel schon in der Kindheit gestellt und sind uns oft nicht bewusst. Aber erst, wenn Sie sich darüber klargeworden sind, warum der gewünschte Erfolg ausbleibt, können Sie gegensteuern.

Es gibt zwei Arten von Zielblockaden:
→ die Angst, zu scheitern
→ die Angst vor dem Erfolg

Ängste sind Gefühle, die Sie nicht einfach ausschalten können wie einen Lichtschalter. Nur wenn sie Ihnen bewusst sind und Sie nicht dagegen ankämpfen, sondern sie zulassen, können Sie sich ihnen in kleinen Schritten stellen und versuchen, sie so zu verlieren. Wenn diese Ängste sehr massiv und in Ihrer Persönlichkeit stark verwurzelt sind, ist es sinnvoll, sie mithilfe eines Therapeuten zu überwinden.

◼ Zielsetzer-Typen

Insgesamt gibt es vier Gruppen von Menschen, was die Zielsetzung und das Planen betrifft: Zum einen die „Nicht-Zielsetzer", die irgendwelchen Zielblockaden unterliegen, zum anderen viele erfolgreiche Menschen, wie z. B. Edison, die sich Ziele weit in der Zukunft setzen, da sie wissen, dass man für Erfolg meistens einen langen Atem, eine gute Strategie und die Vorstellung vom erreichten Erfolg braucht, um durchzuhalten. Andere Menschen nutzen die Gunst der Stunde. Sie erkennen ihre Möglichkeiten und handeln sofort oder planen kurzfristig. Von langfristigen Plänen halten diese Menschen nichts und doch können sie oft Erfolge erreichen, weil sie ihre Chancen schnell wahrnehmen. Schwierig sind neben den bereits erwähnten Menschen, die sich aufgrund von Zielblockaden keine Ziele setzen, diejenigen, die weder kurzfristig noch langfristig planen, weil sie vollkommen im Augenblick leben und Erfolg für sie nicht erstrebenswert ist. Sie lassen sich einfach von Situation zu Situation treiben, sind jederzeit gelassen und entspannt und nichts kann sie unter Zeitdruck setzen. Für ihr Umfeld sind sie allerdings Chaoten und in einem Kollegium eine große Belastung, da andere viele Dinge wieder in Ordnung bringen müssen und viele Aufgaben übernehmen, damit das Chaos nicht überhandnimmt.

Nun, zu welcher Gruppe gehören Sie?

„Die Zeit ist eine große Lehrerin. Schade nur, dass sie ihre Schüler umbringt."
(Curt Goetz)

Wenn Sie nichts von langfristigen Plänen halten, aber bereit sind, sich ein kurzfristiges Ziel zu setzen, dann versuchen Sie es doch einmal mit einem Tagesplan oder/und Wochenplan. Beginnen Sie an einem Freitag, nehmen Sie Ihren Kalender und/oder Ihr Notizbuch und gehen Sie die Checklisten und Leitfäden der folgenden Kapitel durch.

Planung

„Ja, mach nur einen Plan! Sei nur ein großes Licht! Und mach dann noch einen zweiten Plan. Geh'n tun sie beide nicht." (Dreigroschenoper von Bertolt Brecht)

Pläne bringen uns nur weiter, wenn Sie umsetzbar sind. Beachten Sie also immer die nebenstehenden 10 goldenen Regeln:

10 goldene Regeln für eine erfolgreiche Planung
1. Planen Sie schriftlich!
2. Verwenden Sie Tagespläne, Wochenpläne, Jahrespläne.
3. Setzen Sie Prioritäten.
4. Beachten Sie Ihre individuelle Leistungskurve.
5. Benutzen Sie ein Zeitplanbuch und/oder einen Lehrerkalender.
6. Identifizieren und verjagen Sie Ihre individuellen Zeitdiebe.
7. Definieren Sie Ihre Ziele möglichst SMART.
8. Planen Sie „Zeit-Puffer" mit ein.
9. Seien Sie konsequent!
10. Beginnen Sie Ihre Arbeiten möglichst positiv.

Tagesplanung

Für eine gelingende Tagesplanung ist zunächst eine vollständige Aufgabenliste (inklusive der nicht geschafften Aufgaben vom Vortag) entscheidend. Setzen Sie Prioritäten und bringen Sie diese Liste dann in die für Sie richtige Reihenfolge. Anschließend können Sie sie Stück für Stück abarbeiten. Am besten ist es, wenn Sie die priorisierte Aufgabenliste bereits am Abend vorher vorbereiten – die folgende Checkliste hilft Ihnen dabei:

Checkliste 8 – Kriterien für eine gelingende Tagesplanung

☐ Ich verschaffe mir zunächst einen Überblick über alle zu erledigenden Aufgaben.

☐ Ich sortiere die Aufgaben nach Dringlichkeit → die dringendsten Aufgaben stehen ganz oben auf der Liste.

☐ Ich markiere die Aufgaben, je nachdem, ob sie in der Schule oder zu Hause zu erledigen sind, mit „S" oder „H".

☐ Ich habe darüber nachgedacht, welche positiven oder negativen Auswirkungen es hat, Aufgaben, schnell, bald oder gar nicht zu erledigen.

☐ Ich überlege, wie lange ich für die einzelnen Aufgaben brauche.

☐ Ich habe genügend „Zeit-Puffer" mit eingeplant.

☐ Ich habe meinen Biorhythmus, meine Leistungskurve und meine derzeitige Verfassung bei der Abarbeitung der Aufgaben berücksichtigt.

☐ Ich beginne meine Arbeitsphase mit einer mühelosen, kleinen Aufgabe, damit mein „Gripscomputer" warmlaufen kann und ich ein Erfolgserlebnis habe.

☐ Aufgaben, die viel Konzentration und Energie erfordern, lege ich in mein Leistungshoch.

☐ Tätigkeiten, die ähnlich sind, arbeite ich gemeinsam/direkt nacheinander ab.

Tipp: Für noch mehr Motivation beim Abarbeiten sorgt folgendes Vorgehen: Schreiben Sie die drei wichtigsten Aufgaben für den nächsten Tag mit einem Rotstift in Großbuchstaben auf ein großes, weißes Blatt Papier und hängen Sie dieses so auf, dass Sie es vom Schreibtisch aus gut im Blick haben. Nun stellen Sie sich vor, wie Sie das Blatt am Ende des nächsten Tages mit Freude zerknüllen, weil Sie die wichtigsten Dinge geschafft haben.

Wochenplanung

Es genügt nicht, sich lediglich einen Überblick über zu erledigende Aufgaben zu verschaffen und Prioritäten zu setzen. Gerade bei einem längeren Zeitraum, wie z. B. einer ganzen Woche, ist eine gute Zeitplanung besonders wichtig. Dafür können die Aufgaben statt in eine Liste auf kleine, selbstklebende Zettelchen geschrieben werden, damit sie besser nach Wichtigkeit sortiert und eventuell in einen Terminkalender oder ein Zeitplanbuch geklebt werden können. Je langfristiger die Planung, desto schlechter ist vorherzusehen, was alles überraschend dazwischenkommen kann. So ist es bei der Wochenplanung umso wichtiger, ausreichend „Zeit-Puffer" mit einzuplanen.

Für eine erfolgreiche Wochenplanung – die Sie am besten rechtzeitig am Wochenende für die kommende Woche vornehmen – sollten Sie sich stets folgende Fragen stellen:

Fragenkatalog – Wochenplan für Planmuffel
→ Welche regelmäßigen Termine stehen in der nächsten Woche an?
→ Welche außergewöhnlichen (nicht regelmäßigen) Termine kommen in der nächsten Woche hinzu?
→ Welche Aufgaben müssen am Ende der nächsten Woche auf jeden Fall erledigt sein und welche lassen sich eventuell „schieben"?
→ Welche Freizeitaktivitäten sind in der nächsten Woche geplant?
→ Bleibt ausreichend Zeit für „stille Stunden" für mich?

Jahresplanung

Eine besondere Herausforderung – aber auch eine sehr große Hilfe – ist die Jahresplanung. Legen Sie am Anfang des Schuljahres den jeweils neuen Stundenplan, die schulinternen Lehrpläne und Ihren Jahreskalender bereit.
Zunächst sollten Sie alle bereits bekannten festen Termine für Ferien, Feiertage, Klassenarbeiten, Konferenzen, Zeugnisse, Elternsprechtage, Klassenfahrten, Projekttage, Exkursionen zu außerschulischen Lernorten, Fortbildungen etc. in den Jahreskalender eintragen. Planen Sie dann wochenweise – am besten in einem zweiten Kalender, damit es insgesamt nicht zu unübersichtlich wird – für jede Klasse, in der Sie unterrichten, und gezielt für jedes Fach, was Sie in den kommenden zwei Halbjahren durchnehmen sollen und wollen und wann Sie dafür Tests oder Klassenarbeiten ansetzen. Pflegen Sie diese „Stoffplanung" im Laufe des Schuljahres weiter und halten Sie sie auf aktuellem Stand, damit Sie bei Verschiebungen den Überblick behalten und rechtzeitig gegensteuern können.

Wie-Pläne

> **Tipp:** Machen Sie zur Erreichung eines Zieles immer einen Wie-Plan!

Ein „**Wie-Plan**" beschreibt den Weg, der zu einem Ziel führt. Man könnte ihn auch „Durchführungsplan" oder „Projektplan" nennen. Die Vorteile des Wie-Plans liegen darin, dass Sie sofort einen Überblick über notwendige Schritte und die zeitliche Verteilung gewinnen und außerdem schnell feststellen, ob Ihr gewünschtes Ziel in der vorgegebenen Zeit und mit den möglichen Mitteln erreichbar ist oder ob Sie das Ziel womöglich umformulieren müssen. So konzentrieren Sie sich leichter auf machbare Aufgaben, Projekte und Ziele.

Die folgende Checkliste hilft Ihnen bei der Erstellung eines Wie-Plans:

Checkliste 9 – Einen Wie-Plan erstellen

☐ Stellen Sie sich das Ziel des Projektes so konkret vor, als hätten Sie es bereits erreicht.

☐ Überlegen Sie, welche Einzelschritte zum Erreichen des Ziels nötig sind.

☐ Schreiben Sie alle Mittel und Maßnahmen auf, die notwendig sind.

☐ Legen Sie Termine fest, wann bestimmte Zwischenziele erreicht sein sollen.

☐ Führen Sie ein Zeitplanbuch oder tragen Sie Aufgaben und End- sowie Zwischen-Termine in einen analogen oder digitalen Terminkalender ein.

◼ Hilfsmittel für eine erfolgreiche Planung

Um zu entscheiden, ob Sie Ihre Planung handschriftlich in einem haptischen Lehrerkalender oder Zeitplanbuch durchführen oder Ihren Computer bzw. Ihr Smartphone/Tablet verwenden wollen, stellen Sie einmal die Vor- und Nachteile gegenüber, die Sie persönlich in diesen Planungsmöglichkeiten sehen:

Handschriftliche Planung		Elektronische Planung	
Pro	Kontra	Pro	Kontra

Wenn Sie sich für die haptische Variante entscheiden, sollten Sie folgende Dinge beachten:

Nutzen Sie für einen klaren Überblick einen auf Ihre Bedürfnisse abgestimmten Lehrerkalender in DIN A4 oder ein Zeitplanbuch in DIN A5. Das Zeitplanbuch erleichtert das Koordinieren von Aufgaben und Terminen und die anschließende Kontrolle, ob alles erfolgreich erledigt wurde. Optimal ist eine Ringmechanik.

Bei einem **Zeitplanbuch** handelt es sich um ein Buch, das gleichzeitig

➜ Terminkalender,   ➜ Ideenspeicher,   ➜ Kontrollinstrument ist.

➜ Adressbuch,   ➜ Erinnerungshelfer

➜ Notizbuch,   und

Für das Zeitplanbuch und den Lehrerkalender, ganz gleich ob analog oder digital, gilt: Alte Daten müssen regelmäßig durchgestrichen oder gelöscht werden. Erwarten Sie nicht von sich, so wie ein guter Schachspieler alle Möglichkeiten abrufbereit hat, alle Daten und Fakten jederzeit im Kopf parat zu haben. Das erzeugt Stress, raubt viel Energie und macht unzufrieden. Viele Lehrer haben immer ihren Laptop oder ihr Tablet/Smartphone dabei und rufen auf diese Weise ihre Informationen ab und „notieren" neue. Wissenschaftler haben jedoch herausgefunden, dass Ihr Gehirn in der Regel besser speichert, wenn Sie Eintragungen handschriftlich vornehmen, und dass Sie konzentrierter arbeiten, wenn Sie Seiten umblättern können. Auch übersehen Sie nicht so leicht einen Eintrag. Dazu kommt, dass sich der Nutzer elektronischer Medien voll auf seine Technik verlässt und schon deshalb sich das Gehirn weniger merken muss. Beispiel: Wie viele Telefonnummern wissen Sie auswendig? Seitdem alle Nummern im elektronischen Adressbuch gespeichert werden können, braucht sich der Besitzer nicht mehr anzustrengen – einerseits praktisch, andererseits fatal, wenn die Technik nicht funktioniert oder man die Geräte nicht dabeihat.
Dennoch ist es natürlich individuell verschieden, ob man lieber analog oder digital arbeitet. Ganz gleich, was Ihnen mehr zusagt, wichtig ist: Lassen Sie sich helfen und nutzen Sie Lehrerkalender, Zeitplanbücher etc.

„Ein Mensch ohne Plan ist wie ein Schiff ohne Steuer." (Emil Oesch)

Tipp: Planen Sie doch mal rückwärts!

Rückwärtsplanung

Wenn es um eine **langfristige Projektplanung** geht, empfiehlt der Zeitmanagement-Experte Lothar J. Seiwert, rückwärts zu planen. Das bedeutet, Sie notieren sich zuerst, wann der Termin ist, an dem alles geschafft sein muss. Zählen Sie dann die Tage vom aktuellen Zeitpunkt bis zum Endtermin. Wenn Sie diese Zeit nun in mehrere gleich lange Abschnitte teilen, können Sie sinnvolle Zwischentermine definieren und genau festlegen, was Sie bis zu dem jeweiligen Zwischen-Stichtag erledigt haben wollen. So haben Sie stets einen Überblick, wo Sie gerade stehen, ob Sie im vorgegebenen Zeitplan sind und was eventuell noch zu tun ist.

Vorteile der Rückwärtsplanung:
→ Sie fangen früh genug an.
→ Sie haben stets den Überblick.
→ Sie vergessen nichts.
→ Sie sind ganz gelassen und entspannt.
→ Sie sind sicher, das Ziel zum geplanten Endtermin erreichen zu können.

Diese Rückwärtsplanung hilft auch im Lehreralltag: Sie eignet sich bspw. für die Planung von Klassenfahrten, Wandertagen oder Projekttagen, aber auch für das Korrigieren von Klassenarbeiten oder das Lesen von Fachbüchern. Nehmen wir als **Beispiel** die **Klassenarbeit**:

→ Legen Sie den Termin fest, bis zu dem eine Klassenarbeit fertig korrigiert sein soll oder muss.
→ Zählen Sie die Tage bis zu diesem Termin
→ Teilen Sie die Anzahl der Arbeiten durch die Tage: z. B. 25 Arbeiten durch fünf Tage = fünf Arbeiten pro Tag.
→ Legen Sie jeweils fünf Arbeiten einmal quer und einmal längs auf einen Stapel.

Jetzt können Sie motiviert loslegen und Tag für Tag ein „5er-Päckchen" abarbeiten. Schaffen Sie sogar mehr als fünf Arbeiten am Tag, so haben Sie ein Erfolgserlebnis und einen „Puffer" für die kommenden Tage, falls etwas Unvorhergesehenes dazwischenkommt.
Natürlich eignet sich diese Aufteilung nicht unbedingt für alle Arbeiten oder Lernzielkontrollen. Manchmal ist es sinnvoller und zeitsparender, alle Arbeiten auf einmal zu korrigieren, da Sie dann immer schnell Vergleiche ziehen können und vor allem voll im Thema sind. Bei der Aufteilung der Arbeiten in „Häppchen" müssen Sie sich jedes Mal erst wieder hineinfinden. Das kostet eventuell zu viel Zeit. Also ausprobieren!

Ein weiteres **Beispiel**: Müssen Sie ein **Fachbuch** unbedingt bis zur Konferenz oder einem anderen Termin gelesen haben, damit Sie Ihr Wissen einbringen können, verfahren Sie ähnlich wie bei den Klassenarbeiten. Schauen Sie sich an, wie viele Seiten das Buch hat und im Kalender, wie viele Tage Ihnen zur Verfügung stehen. Teilen Sie die Anzahl der Buchseiten durch die Anzahl der Tage +1 (= Zeit-Puffer) und kleben Sie entsprechend in regelmäßigen Abständen kleine Klebezettel auf die Seiten, die anzeigen, bis wohin Sie an welchem Tag gelesen haben müssen. Auch hier gilt: Wenn Sie an einem Tag mehr Zeit und Lust haben, zu lesen, nur zu. Dann schaffen Sie sich Freiräume für die nächsten Tage und Sie können Ihr Ziel ohne Probleme erreichen, selbst wenn unvorhergesehene Dinge dazwischenkommen.

„Gegen das Fehlschlagen eines Plans gibt es keinen besseren Trost, als auf der Stelle einen neuen zu machen." (Jean Paul)

Prioritäten

Sie haben nun schon an mehreren Stellen gelesen, wie wichtig es ist, Prioritäten zu setzen. Aber worum genau geht es dabei? Und wie gehe ich am besten vor?

Wenn Sie versuchen, zu viel auf einmal zu tun, besteht die Gefahr, dass Sie sich verzetteln und schließlich nichts rechtzeitig fertigbringen. Widmen Sie sich also während einer bestimmten Zeit nur einer einzigen Aufgabe – konzentriert, konsequent und zielbewusst. Machen Sie sich Gedanken darüber, welche Aufgaben erstrangig und welche zweitrangig sind, d.h. ordnen Sie sie nach der Dringlichkeit. Kreuzen Sie z. B. in Ihrem Plan wichtige Aufgaben an!

Dabei können Sie verschiedene Farben verwenden:

Rot	= sehr wichtig	= A-Aufgaben
Orange	= wichtig	= B-Aufgaben
Gelb	= nicht so eilig	= C-Aufgaben

Wenn Sie also eine Aufgabenliste vor sich haben – bspw. bei der Tagesplanung –, die Sie priorisieren wollen, stellen Sie sich stets die folgenden drei Fragen:

1. Welche Aufgabe führt, wenn ich sie heute nicht erledige, zum größten Problem?
2. Welche Aufgabe führt, wenn ich sie heute nicht erledige, zu keinem oder fast keinem Problem?
3. Welche Aufgabe kann ich sinnvoll unterteilen, um nur den wichtigsten Teil heute bearbeiten zu müssen?

> **Zusammenfassung**
> Reflektieren Sie die Vorteile der Zielsetzung und sorgen Sie für SMART(e) Ziele. Machen Sie Tages-, Wochen- und Jahrespläne – vorwärts und rückwärts –, um das Schuljahr möglichst stressfrei zu beenden. Setzen Sie Prioritäten und haben Sie auch den Mut, auf einige Dinge zu verzichten. Es kommt nicht darauf an, alle Punkte abzuarbeiten, sondern erfolgreich am Ziel anzukommen.

9. Pausen, Puffer, Wartezeiten

Pausen machen und auch nutzen

Pausen erhöhen die Gesamtleistung! – Wenn Sie eine lange Reise vor sich haben, dann warten Sie nicht, bis Ihr Auto irgendwo stehen bleibt, und laufen dann zur nächsten Tankstelle, um neues Benzin zu holen, sondern Sie tanken bereits, wenn noch einige Liter zur Verfügung stehen, damit die Fahrt zügig weitergehen kann.

Der Gewinn einer Pause zeigt sich aber nicht nur in Form von Mehrleistung infolge Erholungswirkung, sondern die Einplanung einer Pause beeinflusst auch die vorausgehende Arbeitsleistung merklich positiv.

Machen Sie richtige Pausen!

Überprüfen Sie Ihr Pausenverhalten mit der folgenden Checkliste. Wie viele Kreuze können Sie bereits machen?

Checkliste 10 – Wie mache ich richtige Pausen?

- ☐ Ich plane Pausen bei meiner Arbeitszeit zu Hause fest mit ein.
- ☐ Ich sorge für regelmäßige Pausen.
- ☐ Die Pausen machen 10–30 % meiner Arbeitszeit aus.
- ☐ Ich mache rechtzeitig Pausen, wenn ich noch konzentriert bin – nicht erst, wenn ich total erschöpft bin.
- ☐ Ich gestalte meine Pausen sinnvoll.
- ☐ Ich tanke Sauerstoff, indem ich das Fenster öffne oder kurz in den Garten gehe.
- ☐ Ich bewege mich (z. B. Kniebeugen, Spülmaschine ausräumen …) oder mache einen kleinen Spaziergang, bei dem ich frische Luft und Bewegung verbinde.

☐ Ich versuche, richtig abzuschalten und mich zu entspannen, z. B. durch Entspannungsübungen, kurz die Beine hochlegen und die Augen schließen, Musik hören …

☐ Ich trinke genussvoll eine Tasse Kaffee, Tee, Wasser oder Saft und/oder esse Obst.

 Nur eine richtige Pausengestaltung bringt neue Energie!

Eine sehr sinnvolle Pause ist auch das **Mittagsschläfchen**, das Sie sich als Lehrer ja an einigen Tagen – wenn Sie nicht etwa in der 7. und 8. Stunde oder gar noch später unterrichten müssen – gönnen können. Stellen Sie einen Wecker und legen Sie sich nach dem Mittagessen für 20–30 Minuten hin. Wenn Sie den Erholungswert vergrößern wollen, sollten die Beine etwas höher liegen als der Kopf. Das entlastet die Gefäße in den Beinen und fördert die Durchblutung des Gehirns.

> **Tipp:** Trinken Sie direkt vor dem Mittagsschläfchen, vielleicht schon gemütlich auf der Couch liegend, eine Tasse Kaffee. Da das Koffein erst nach ca. einer halben Stunde wirkt, sind Sie nach dem Aufwachen in jeder Hinsicht fit.

„Umschaltpausen" = Speicherpausen

Machen Sie beim Lesen eines Sach-/Fachbuches öfter kurze „Umschaltpausen" von ca. 1–2 Minuten. Die Speicherung von Wissen ist nicht abgeschlossen, wenn Sie das Buch zuklappen. Lassen Sie Ihrem Gehirn Zeit, die Informationen sicher und richtig einzuordnen, damit Sie sie später zu jeder Zeit problemlos abrufen können. Auch braucht Ihr Gehirn Zeit, um auf ein neues Kapitel, ein neues Thema „umzuschalten" bzw. sich darauf einzustellen.

■ Puffer einplanen und effizient nutzen

Puffer I

„Zeit-Puffer", also Freiräume für unvorhersehbare Situationen, gehören genauso zu einer guten Planung (siehe „Zielsetzung, Planung und Prioritäten", S. 46) wie sinnvolle Pausen. Puffer verhindern Stress, steigern damit Ihre Leistungsfähigkeit und sparen Zeit, auch wenn es auf den ersten Blick anders aussieht. Wenn Sie z. B. glauben, das Korrigieren der vielen Aufsätze wird sechs Nachmittage dauern, dann planen Sie lieber acht oder gar neun Tage ein, denn unverhoffte Besprechungen, Telefongespräche mit Eltern, Arztbesuche, Einladungen, Familienangelegenheiten o. Ä. halten Sie vielleicht von Ihrem Vorhaben ab. Etwa **ein Drittel Zeit** sollten Sie **als Puffer draufschlagen.** Wenn Sie auf Störungen ganz gelassen reagieren wollen, auch das Doppelte. Das schafft Freiräume für Sie. Denken Sie auch daran, dass es Tage gibt, an denen Sie mit dem linken Fuß zuerst aufstehen, an denen Sie nicht so super drauf und leistungsfähig sind wie an anderen Tagen.

Puffer II

Ziehen Sie Abgabetermine ein paar Tage **vor.** Wenn Sie z. B. am 1. März einen Bericht vorlegen müssen oder einen kleinen Vortrag in der Gesamtkonferenz halten sollen, tun Sie so, als wäre der Termin am 26. oder 27. Februar. Tragen Sie diesen Termin in Ihren Kalender ein. So sind Sie auf der sicheren Seite und haben genug Spielraum, wenn es Tage geben sollte, an denen Sie unerwartet nicht an Ihrer Aufgabe arbeiten können. Sie geben aber den Bericht selbstverständlich erst am 1. März ab – es braucht ja niemand zu wissen, dass Sie sich Freiräume für sich geschaffen haben, sonst wird man Ihnen noch mehr Aufgaben aufladen, da Sie ja alles spielend schaffen.

Puffer III

Werden Sie von der Schulleitung oder einem Kollegen gebeten, eine Sache zu erledigen, und Sie wollen auf Ihre geschaffenen Freiräume nicht verzichten und sich nicht mehr Stress einhandeln als unvermeidbar, so geben Sie Ihrem Gesprächspartner und sich selbst ein gutes Gefühl, indem Sie sagen: „Oh, das trifft sich gut. Sie können sich freuen. Im Moment ist mein Arbeitsplan überschaubar und ich kann diese Aufgabe bis in XX Tagen für Sie erledigen." XX sollte dann etwas mehr sein, als Sie tatsächlich für die Aufgabe benötigen würden. So haben Sie Ihre Freizeit verteidigt, womöglich das Wochenende gerettet und sind dem anderen **vermeintlich entgegengekommen.**

„Die Herrschaft über den Augenblick ist die Herrschaft über das Leben."
(Marie von Ebner-Eschenbach, Aphorismen)

◾ Wartezeiten

Wir alle sind täglich oft viele Minuten gezwungen, zu warten – sei es der Andrang auf den einzigen funktionierenden Kopierer im Lehrerzimmer, der Stau auf dem Heimweg, der verspätete Zug, das Warten an der Supermarktkasse oder auch die Zeit im Wartezimmer des Arztes oder einer Behörde. Sie können sich darüber ärgern und immer wieder genervt auf die Uhr schauen – oder Sie können auch auf diese unvorhergesehenen Wartezeiten vorbereitet sein und sie für sich nutzen, sei es durch eine Entspannungsübung, eine Gehirnjoggingübung, für Ihr Schnelllesetraining oder für die Weiterbildung. Stecken Sie immer etwas zum Lesen in die Tasche, z. B. ein Buch, das Sie schon lange lesen wollten, oder eine Fachzeitschrift etc. Wenn Sie mit dem Auto zur Schule fahren, bietet es sich z. B. an, Hörbücher im Handschuhfach zu haben, um die Wartezeit in einem Stau auf diese Weise nutzen zu können.

> **Zusammenfassung**
> Richtige Pausen zur richtigen Zeit und fest eingeplante Zeit-Puffer erhöhen Ihre Konzentration und allgemeine Leistungsfähigkeit, motivieren, geben neue Energie und lassen Sie in kürzerer Zeit mehr Aufgaben erledigen.

10. Arbeitsorganisation an verschiedenen Arbeitsplätzen

„Gebraucht die Zeit, sie geht so schnell von hinnen,
doch Ordnung lehrt Euch Zeit gewinnen!" (Johann Wolfgang von Goethe, Faust I)

◼ Ordnung

Manche Menschen brauchen zum Arbeiten einen leeren Schreibtisch und andere fühlen sich nur wohl und sind am leistungsfähigsten, wenn sich auf dem Schreibtisch einiges angesammelt hat. Wichtig ist in jedem Fall, dass Sie auf Ihrem Schreibtisch und in Ihren Unterlagen sofort das finden, was sie brauchen. Wenn der Schreibtisch jedoch so voll gepackt und so unübersichtlich ist, dass Sie alles durchstöbern müssen, um etwas gerade Wichtiges herauszufischen, wird es höchste Zeit, etwas zu verändern. Das bedeutet: Ordnung nicht um der Ordnung willen, sondern um effektiv und effizient zu arbeiten, statt Zeit mit Suchen zu verschwenden.

Alle Dinge und Informationen, die Sie sammeln, brauchen einen bestimmten Platz, an dem Sie sie sofort wiederfinden und nutzen können. Ordner müssen sinnvoll beschriftet (Fach, Klasse, Thema …) und im Inneren idealerweise durch Register oder Trennstreifen strukturiert sein. Auch Kisten brauchen einen „Ausweis": Sie sollten farblich unterschiedlich sein und auf einem Schild eine gut lesbare Inhaltsangabe bekommen. Für bestimmte Dinge, z. B. Materialien für die Gruppenarbeit oder für Projekttage, kann es helfen, transparente Boxen zu wählen, sodass Sie auf den ersten Blick von außen erkennen können, was darin ist.

> **Tipp:** Wenn Sie viele Infos für den Unterricht digital im **Computer** sammeln, so achten Sie auf eine sinnvolle, **übersichtliche Ordnerstruktur** und darauf, dass Ihre **Dateien aussagekräftige Bezeichnungen** erhalten, die Ihnen das Wiederfinden erleichtern. Auch die Ergänzung des Datums zu Beginn des Dateinamens („2014-02-12 …") ist zeitsparend, da dann alle Dateien automatisch in chronologischer Reihenfolge angezeigt werden.

Um in den sich schnell anhäufenden Papierbergen nicht den Überblick zu verlieren, hilft Ihnen folgendes Werkzeug: Ordnen Sie jedem Papier, das Sie in die Hand nehmen, einen bestimmten Wert zwischen 0 und 4 zu.

0 = nicht wichtig: Werbung, Prospekte etc. ➜ Papierkorb

1 = nur heute wichtig: Einladungskarten für heute, schriftliche Erinnerungen an heutige Gesprächstermine, Glückwunschkarten etc. ➜ lesen, Infos notieren, telefonieren, Papierkorb

2 = nur eine Woche lang wichtig: Mahnungen, Rechnungen, Einladungen, schriftliche Erinnerungen an/Unterlagen für Besprechungen, Konferenzen etc. ➜ sofort erledigen, Termine notieren

3 = nur ein Jahr (ein Schulhalbjahr) wichtig: Übersicht über feste Schultermine, Stundenpläne, Fahrpläne, Preislisten etc. ➜ am Ende des Schuljahres entsorgen

4 = für immer (viele Jahre) wertvoll: Kopiervorlagen, Artikel, Versicherungspapiere, Autopapiere, Steuerunterlagen, bestimmte Briefe etc. ➜ in dafür vorgesehene Ordner abheften

> **Tipp:** Notieren Sie auf allen Schriftstücken, die nicht sofort im Papierkorb landen, eine Zahl von 1–4. Wenn Sie für die Zahlen 2, 3 und 4 unterschiedliche Farben verwenden, z. B. 2 = rot, 3 = gelb und 4 = grün, können Sie diese Papiere zu gegebener Zeit schneller entsorgen.

Schriftstücke, die sich schlecht zuordnen lassen, für die ein Ordner zu groß ist und die bald schon ihre Wichtigkeit wieder verlieren werden, kommen in kreativ beschriftete Hängeregister, soweit Platz dafür vorhanden ist. Dazu gehören z. B. Angebote, Rechnungen und Stadtpläne für die nächste Klassenfahrt, Ideen und Ansprechpartner für die kommende Projektwoche etc. Sie können natürlich auch einen speziell gekennzeichneten Ordner oder eine Box für diese Schriftstücke verwenden.

Organisation der Arbeitsplätze

Organisation im Arbeitszimmer

Um zu sehen, wo Sie im häuslichen Arbeitszimmer auf dem Weg zum Organisationsprofi und Zeitgewinner stehen, gehen Sie die folgende Checkliste durch.

Checkliste 11 – Wie gut ist meine Arbeitsorganisation?

☐ Mein Arbeitszimmer ist ein Raum, der funktionell gut ausgestattet ist und in dem ich mich so eingerichtet habe, dass ich mich wohlfühle.

☐ Ich habe einen Wasserkocher und Tee und/oder eine Kaffeemaschine sowie Tassen im Arbeitszimmer und eine Schale mit Obst sowie eine Flasche Wasser und Gläser.

☐ In meinem Arbeitszimmer gibt es einen Computer/Laptop, einen Scanner/Kopierer und einen Drucker. (Sie brauchen dann keine Bücher mit in die Schule zu nehmen, sondern können die notwendigen Seiten, die sie kopieren wollen, einscannen und einmal ausdrucken oder – wenn Sie die Kopien bereits in den ersten zwei Stunden brauchen – sogar den Klassensatz zu Hause ausdrucken/kopieren. So ersparen Sie sich den Kopierstress vor dem Unterricht.)

☐ Ich habe eine Pinnwand und auf dem Schreibtisch eine Unterlage mit Kalender und Notiermöglichkeit.

☐ Ich besitze im Arbeitszimmer ein hilfreiches, gut durchdachtes Ordnersystem (Regale, Hängeregister, Ablagekörbe, Materialboxen etc.).

☐ Mein Schreibtisch ist sehr übersichtlich und alles hat seinen bestimmten Platz. Oder: Mein Schreibtisch ist zwar oft voll, aber ich finde alles sofort.

☐ Auf meinem Schreibtisch gibt es eine Ablage für private Post (Rechnungen usw.) und eine Ablage für schulische Angelegenheiten (falls mal keine Zeit ist, die Papiere sofort entsprechend einzuordnen).

☐ Ich nehme ein Papier nur einmal in die Hand, ordne es ein oder werfe es weg.

☐ Ich habe einmal in der Woche einen festen Termin für das Einordnen, Abheften und Wegwerfen.

☐ Es gibt eine farbige Box oder große Tasche für die Dinge, die ich am nächsten Tag unbedingt mit in die Schule nehmen muss.

☐ Ich besitze ein „Stopp-Schild" an der Tür, damit alle Familienmitglieder wissen, dass ich, wenn sie das Schild sehen, nur in Notfällen gestört werden darf.

☐ Wenn ich arbeite, läuft – außer in den vereinbarten Telefonzeiten – immer der Anrufbeantworter.

Organisation im Lehrerzimmer

In der Schule haben Sie in der Regel viel weniger Gestaltungsmöglichkeiten für Ihren Arbeitsplatz. Wie sieht es in Ihrem Lehrerzimmer aus? Haben Sie einen richtigen Arbeitsplatz oder nur einen Stuhl an einem großen Tisch für viele Kollegen? Haben Sie einen Schrank zur Verfügung oder nur ein kleines Fach? Wenn Sie Stress mindern wollen, dann sollten Sie dafür sorgen, dass Sie irgendwo im Lehrerzimmer einen Platz für die Dinge haben, die Sie regelmäßig brauchen und nicht immer zwischen Zuhause und Schule hin- und herschleppen möchten (ggf. bietet es sich an, bestimmte Dinge doppelt anzuschaffen). Wenn Sie viel mit dem Laptop arbeiten und in der Schule genügend Computer zur Verfügung stehen, ist es sehr zeitsparend, alle schulischen Unterlagen und eingescannten Kopiervorlagen immer auf einem USB-Stick parat zu haben. Wenn die Schule über einen Scanner verfügt, ermöglicht Ihnen der Stick außerdem, in der Schule schnell etwas einzuscannen und bequem mit nach Hause zu nehmen, ohne dass Sie die ganzen Bücher schleppen müssen. Im Lehrerzimmer sollten Sie darüber hinaus Material griffbereit haben, das Sie in Vertretungsstunden einsetzen können. Außerdem sollten Sie die Möglichkeit haben, einen Stapel Mappen oder Hefte für das Korrigieren in der Freistunde oder nach dem Unterricht im Lehrerzimmer zu deponieren.
Wenn Sie tatsächlich keinen kleinen Schrank oder ein Fach besitzen, in das einiges hineinpasst, kann eine Klappbox mit Deckel sehr hilfreich sein, die sie unter Ihren Stuhl stellen können und die so niemanden stört. In dieser Box können Sie alles aufbewahren, was Sie im Schulalltag oft brauchen, von Schulutensilien bis Taschentücher, Teebeutel, Handcreme, Hustenbonbons und ein paar Süßigkeiten.

Organisation im Klassenzimmer

Wenn Sie im Klassenzimmer (oder im Lehrerzimmer) einen Schrank für Ihre Unterlagen nutzen können, ist es sinnvoll, für jede Klasse, die Sie im Augenblick unterrichten, einen Ordner für Kopiervorlagen usw. anzuschaffen oder bei Platzmangel zumindest einen Sammelordner, in dem Sie durch unterschiedliche Farbbögen oder Trennstreifen die Klassen abgrenzen.

Für den gewissen „Kleinkram", wie Stifte, Scheren, Kleber, buntes und weißes Blankopapier, Kärtchen usw., ist eine kleine Box hilfreich, die Sie im Klassenzimmer deponieren oder auch von Fachraum zu Fachraum mitnehmen können.

> **Zusammenfassung**
> Halten Sie Ordnung nicht um der Ordnung willen! Wichtig ist, dass Sie
> keine Zeit durch endloses Suchen verlieren, sich dadurch gestresst fühlen
> und damit wiederum mehr Zeit brauchen, Ihre Aufgaben zu erledigen.
> Durch eine optimale Organisation gewinnen Sie Zeit und Gelassenheit.

11. Rituale und Routine

Rituale und Routine im Alltag geben Sicherheit, führen zu mehr Gelassenheit
und schenken Zeit. Wer z. B. jeden Abend zu einem bestimmten Zeitpunkt –
vielleicht kurz vor der Tagesschau – seinen Stundenplan durchgeht und seine
Tasche packt und sich jeden Morgen unter der Dusche den Tagesablauf (inklusive Termine, Stundenplan und was er für die einzelnen Stunden noch kopieren
oder besorgen muss) vor Augen hält und mithilfe der Uhr-Technik (siehe S. 95)
visualisiert und abspeichert, ist gut gerüstet für den Tag. Wer mit den Eltern
besprochen hat, dass er für Telefongespräche z. B. nur zwischen 17.00 und
19.00 Uhr zur Verfügung steht, wird nicht in seiner „Stillen Stunde" gestört,
sondern lässt in dieser Zeit ohne schlechtes Gewissen seinen Anrufbeantworter
laufen.

■ Rituale

Wenn Sie nach der Schule ein festes „**Heimkommritual**" zelebrieren, z. B. sich
sofort umziehen, eine Tasse Tee oder Kaffee genießen, einen Blick in die Zeitung
werfen, sich einige Minuten auf die Couch zurückziehen oder im Sommer in
den Garten gehen, signalisieren Sie Ihrem Körper bereits beim Aufschließen der
Haustür, dass jetzt erst einmal Entspannung angesagt ist. Durch solche Rituale
ändern sich bereits der Adrenalinspiegel und der Cortisolspiegel im Blut, die
Herzfrequenz verändert sich positiv, ohne dass Sie eine Entspannungsübung
oder Sport gemacht haben. Auch ein kurzes 20- bis 30-minütiges **Mittagsschläfchen** hilft dem Körper, abzuschalten und neue Energie zu tanken.

Wer ein **Zubettgehritual** einführt, vielleicht noch eine kleine Runde um den
Block macht, eine heiße Milch mit Honig trinkt, drei Seiten in einem Roman
liest, eine Entspannungsübung im Liegen macht o. Ä., schläft schneller ein und
besser durch.

> **Tipp:** Fachbücher, Hefte und Mappen haben im Schlafzimmer nichts zu
> suchen und sind möglichst nur im Arbeitszimmer zu finden!

Ein Ritual sollte es auch sein, täglich zu einer bestimmten Zeit das Arbeitszimmer für die Familie – speziell für die Kinder – zu einer **Tabuzone** zu erklären. Tabuzone bedeutet, dass nur in wirklichen „Notfällen" gestört werden darf. Machen Sie dies deutlich, indem Sie an die Tür ein Schild mit der Aufschrift „Bitte nicht stören!" hängen. Je nachdem, wie alt die Kinder sind, kann es hilfreich sein, eine runde Pappe auszuschneiden, eine Uhr darauf zu malen und den Beginn und das Ende der störungsfreien Zeit z. B. mit einer Büroklammer oder einer bunten Wäscheklammer zu markieren. Diese Uhr können Sie nicht nur für eine ungestörte Arbeitsstunde verwenden, sondern auch, wenn Sie sich entspannen. Wichtig ist, dass die Tabuzeiten – zumindest am Anfang – möglichst immer zur selben Uhrzeit beginnen, damit dieses Ritual für die Kinder ganz selbstverständlich wird.

> **Tipp:** Beginnen Sie in Ihrer Familie zunächst mit kurzen störungsfreien Zeiten (je nach Alter der Kinder eine Viertel-, halbe oder ganze Stunde) und erweitern Sie diese nach zwei bis drei Wochen langsam um 5- bis 10-Minuten-Einheiten.

Rituale in der Schule

Auch in der Schule helfen Ihnen und Ihren Schülern Rituale dabei, Stress zu minimieren, sich besser zu konzentrieren und leichter in ein neues Thema einzutauchen. Beginnen Sie möglichst jede (Doppel-)Unterrichtsstunde, zumindest aber jede 1. Unterrichtsstunde in einer Klasse mit einer Konzentrations-, Entspannungs- oder Bewegungsübung, mit oder ohne leise Musik (siehe hierzu Oppolzer, U.: „Bewegte Schüler lernen leichter", Verlag modernes Lernen – Borgmann, 2004, ISBN 978-3-86145-268-3 und Reiser, S.; Stöhr-Mäschl, D.: „Kleine Pausen für den Schulalltag. Kurze Übungen zur Entspannung, Aktivierung und Bewegung" (Audio-CD), Verlag an der Ruhr 2013, ISBN 978-3-8346-2409-3). Früher wurde jeden Morgen vor dem Unterricht gebetet. Das war ein Ritual. Vordergründig ging es dabei natürlich um die Religion, doch diese Gebete waren gleichzeitig eine Entspannungsübung, die zu einer besseren Konzentration führte, was den Schülern das Umschalten auf den Unterricht erleichterte. Greifen Sie dieses Ritual auf! Es muss natürlich kein Gebet sein – am Montagmorgen sollte es z. B. eher eine Bewegungsübung sein, da viele Kinder nach einem oft schlafarmen und medienreichen Wochenende müde vor sich hindösen. Nach der großen Pause sind vor allem die unteren Jahrgänge vom Spielen und Herumrennen noch ganz aufgedreht und können mit einer Entspannungsübung leichter umschalten und genauer zuhören. Die älteren Jahrgänge stehen in den Pausen oft nur rum und hören Musik mit ihren Handys oder MP3-Playern und bräuchten eigentlich viel Bewegung.

Da es aber schwierig ist, die Schüler der höheren Klassen in Bewegung zu bringen, versuchen Sie es doch mit kleinen, aber interessanten Konzentrationsübungen (siehe hierzu Oppolzer, U.: „99 Tipps: Konzentration und Lernfähigkeit", Cornelsen Scriptor 2012, ISBN 978-3-589-23283-3).

Ein weiteres Ritual könnte bei den jüngeren Schülern eine bestimmte Bewegungsübung immer nach einer Lerneinheit oder nach Beendigung einer gestellten Aufgabe – als Belohnung wie auch als Konzentrationsschub – sein. Als Ihre Eltern zur Schule gingen oder vielleicht auch noch in Ihrer eigenen Schulzeit mussten die Schüler aufstehen, wenn sie etwas sagen wollten. Mit dem Aufstehen sollte dem Lehrer Respekt entgegengebracht werden. Den Schülern hat dieses Aufstehen aber gleichzeitig geholfen, sich wieder besser zu konzentrieren.

Routine

Täglich fallen viele Routinearbeiten an, die nicht viel Energie kosten, aber gemacht werden wollen und Zeit in Anspruch nehmen, wie z. B. E-Mails checken, Telefonate führen, Schreibtisch aufräumen, Arbeitsblätter und andere Unterlagen abheften usw. Erledigen Sie diese Aufgaben in Phasen, in denen Sie nicht voll leistungsfähig sind (siehe Kapitel „Biorhythmus und Leistungskurven", S. 23), und verschwenden Sie nicht Ihre Kraft für die tägliche Routinearbeit.

> **Tipp:** Erstellen Sie sich Checklisten für Routinevorgänge!

Zusammenfassung
Rituale strukturieren den Unterricht und die Zeit zu Hause, geben Sicherheit und erleichtern den Einstieg in eine neue Arbeits- und Lernphase oder in die Entspannung. Routinearbeiten kosten wenig Energie und sollten in die leistungsschwächeren Zeiten gelegt werden und an festgelegten Terminen erfolgen.

12. Probleme lösen – gelassen und kreativ

„Die meisten Menschen wenden mehr Zeit und Kraft daran, um die Probleme herumzureden, als sie anzupacken." (Henry Ford)

Im Schulalltag werden Sie ständig vor neue, unvorhergesehene Probleme, Aufgaben und Fragen gestellt. Sie müssen z. B. aus dem Stand einen Kollegen vertreten oder einen heftigen Streit zwischen Schülern schlichten. Was machen Sie, wenn Sie ein Problem haben? Werden Sie hektisch und geben dann frustriert auf, weil Ihnen auf die Schnelle kein Lösungsweg in den Kopf kommen will? Werfen Sie die Flinte nicht ins Korn und bewahren Sie Ruhe! Um Probleme gelassen und zeitsparend lösen zu können, sollten Sie zunächst darauf achten, dass Sie keine Killerphrasen zulassen. Killerphrasen können z. B. sein:

„Das geht auf keinen Fall!"
„Das war immer so, das kann nicht anders sein!"
„Das schaffe ich nie!"
…

 Achten Sie darauf, dass **keine „Killerphrasen"** Ihre Arbeit behindern oder gar ganz unmöglich machen.

Geht es um ein größeres Problem, das nicht aus dem Stand gelöst werden kann und soll, ist es wichtig, einerseits systematisch an die Sache heranzugehen – z. B. mit dem unten stehenden Leitfaden – und andererseits auch fantasievoll zu sein. Je kreativer Sie sind, desto entspannter und gelassener begegnen Sie den neuen Gegebenheiten und desto sicherer und schneller finden Sie Lösungen!

> **Tipp:** Trainieren Sie immer wieder Fantasie und Kreativität (siehe „Visualisierung und Fantasie", S. 90) und seien Sie offen für Anregungen und für neue Dinge und Gedanken, damit Ihnen in einer Problemsituation viele brauchbare Ideen einfallen.

Leitfaden zur Problemlösung
→ Machen Sie eine (möglichst schriftliche) Situationsanalyse:
  › Wie sieht die jetzige Situation aus? Was ist gegeben?
  › Worin besteht das Problem? Was fehlt mir zur Lösung?
→ Denken Sie laut!
→ Stellen Sie Detailfragen!
→ Machen Sie ein Brainstorming mit sich allein: Lassen Sie alle Einfälle gelten, auch die, die Ihnen zunächst absurd erscheinen.
→ Schreiben Sie alle Ideen zur Lösung auf einzelne Zettel.

→ Mischen Sie anschließend Ihre Ideenzettel, und legen Sie jeweils zwei
aufgedeckt vor sich hin. Diese neuen Kombinationen regen Ihr Gehirn
zu weiteren Gedanken an.

→ Treffen Sie erst jetzt eine Entscheidung und behalten Sie zwei Alternativen
im Auge.

„Wir suchen die Wahrheit. Finden wollen wir sie aber nur dort, wo sie uns behagt."
(Marie von Ebner-Eschenbach)

Kreativität ist eine Fähigkeit, ohne die das Lösen von Problemen kaum möglich
ist. Kreativität und logisches Denken sind die Stützpfeiler jeder Problemlösung
und im Unterricht ebenso gefragt wie beim Organisieren eines Klassenfestes
oder einer Klassenfahrt. Neue, vorher unerkannte Beziehungen zwischen verschiedenen Tatsachen und Situationen können, plötzlich wahrgenommen, zu
neuen Einsichten führen und/oder in Handeln umgesetzt werden. Die Voraus-
setzungen für Kreativität sind ebenso erlernbar wie die für Logik, indem alte
und eingefahrene Denkstrukturen aufgegeben werden. Fest steht die Tatsache,
dass unser Gehirn nicht statisch, sondern dynamisch ist. Aufgrund unseres Denkens und Lernens kommt es zu ständigen Veränderungen. Das bedeutet, dass
wir durch neue Eindrücke, neues Denken auch neue Möglichkeiten für uns
schaffen können.

 Wer mehr und offen denkt, hat auch mehr Einfälle, ist also kreativer.

Wichtig ist bei der Bewältigung von Problemen, nicht angestrengt und ver-
krampft zu sein, sondern **so entspannt wie möglich.** Kreative Lösungen ergeben sich oft in Träumen, beim entspannten „Faulsein" oder in besonders chaoti-
schen Situationen, in denen das Bewusstsein mit anderen Dingen beschäftigt
ist und Ideen unzensiert hervorsprudeln können. Deshalb ist es sinnvoll, mit Entspannungsübungen zu beginnen, bevor Kreativität aktiviert und Probleme gelöst
werden sollen. Kreativität bedingt flexibles Verhalten und originelle Einfälle, die
selten auf Befehl kommen, sondern meistens unerwartet und im entspannten
Zustand. Kreativität ist nicht planbar, sie ist jedoch auch kein Produkt des Zufalls.
Meditation und Entspannungsübungen allein reichen nicht aus, um gute Einfälle
zu haben. Zuerst geht es immer darum, sich ein Wissensnetz aufzubauen und
den Wortschatz ständig zu vergrößern, Fähigkeiten wie Konzentration, Geduld
und Ausdauer zu trainieren und die Frustrationstoleranz zu erhöhen. Es gilt, zu
lernen, bei Misserfolgen gelassen zu bleiben und sich immer wieder neu zu
motivieren und konzentriert am Problem weiterzuarbeiten (vgl. Oppolzer, U.:
„111 Ideen: Kreativität und Problemlösefähigkeit. Techniken und Übungen für
mehr selbstständiges Denken im Unterricht", Verlag an der Ruhr 2013, S. 7).

Fünf Phasen des kreativen Prozesses

1. Phase: → Problem erkennen.
2. Phase: → Intensive Beschäftigung mit der Fragestellung bzw. dem Problem.
→ Das Problem ergründen und unter verschiedenen Blickwinkeln betrachten. Dafür ist rationales, logisches Denken erforderlich.
3. Phase: → Entfernung vom Problem bzw. Verneinung des Problems.
→ Denken in allen Richtungen, intuitiv, sprunghaft.
→ Beschäftigung mit Themen, die nicht direkt etwas mit dem Problem zu tun haben. Benutzung der bildhaften Vorstellung und Ausschaltung des vernünftigen, logischen, verbalen Denkens.
4. Phase: → Spontan auftauchende Lösungsmöglichkeiten.
5. Phase: → Lösungen auf Realisierbarkeit überprüfen, entsprechend ausarbeiten und umsetzbar gestalten. Logisches Denken notwendig!

Während der Phasen 3 und 4, in denen die Kreativität in den Vordergrund rückt und das logische Denken vorübergehend abgestellt werden sollte, sind folgende Faktoren wichtig:

→ Kritik wird nicht zugelassen.
→ Alle Assoziationen sind erlaubt.
→ Gewohnheiten werden durchbrochen und Grenzen überschritten.
→ Emotionalität, Intuition und Sprunghaftigkeit sind erwünscht.
→ Der Blickwinkel wird mehrfach verändert.
→ Ideen werden neu kombiniert und vernetzt.
→ Es werden Gemeinsamkeiten einzelner Ideen gesucht.
→ Widersprüche der Ideen werden in Beziehung gesetzt.
→ Die Ideen werden umgestaltet und umstrukturiert.

Beispiel: Projektwoche

1. Phase: Gesucht wird ein Thema für die Projektwoche, das möglichst viele Eltern in die Schule bringt und die Schule nach außen super präsentiert.

2. Phase: Mögliche Fragen zur Projektwoche:
→ Zu welcher Jahreszeit findet die Projektwoche statt?
→ Können die Außenanlagen mitbenutzt werden?
→ Welche finanziellen Mittel stehen zur Verfügung?
→ Gibt es Kollegen und Schüler mit besonderen außerschulischen Fähigkeiten und Fertigkeiten (z. B. Sport, Tanz, Musik, Theater, Kochen, Werken, Malen, Nähen etc.), die sie einbringen können?

→ Gibt es Kollegen mit Beziehungen zu Vereinen, Museen, Theater, Musikschule, Handwerksbetrieben und Firmen, die interessante Produkte herstellen?

→ Gibt es Kollegen und Schüler, die sich in außerschulischen Bereichen engagieren, z. B. Umweltschutz, Tierschutz, Kinderhilfe etc.?

3. Phase: Brainstorming „Projektwoche"

→ Entfernung vom Problem: Brainstorming z. B. zu den Themen: „800 Jahrfeier der Stadt" oder „ Wie könnte eine Sendung für Familien am Samstagabend interessant gestaltet werden?"

4. Phase: Spontane Lösungsmöglichkeiten notieren, z. B.:

→ aufgrund von Beziehungen zu einem Verein, der die mittelalterlichen Bauernmärkte ausrichtet, das Thema wählen: „Ritter einst und jetzt"

→ an den Namen der Schule, z. B. „Freiherr vom Stein", anknüpfen und das Thema wählen: „Den Stein ins Rollen bringen ..."

→ aufgrund von einigen sehbehinderten Kindern in der Schule das Thema wählen: „Sinnliche Abenteuer"

5. Phase: Überprüfen, welches Thema realisierbar und mit den vorhandenen Möglichkeiten am besten umsetzbar ist

Ein kreativer Lehrer ...

→ bleibt auch in schwierigen Situationen gelassen.

→ erledigt Aufgaben auf seine ganz eigene, individuelle Weise.

→ lässt ungewöhnliche Ideen zu und findet so kreative Lösungen.

→ ist risikobereit, d. h. lässt im Unterricht auch spontane Ideen zu und hält dann nicht krampfhaft am ursprünglich geplanten Stundenverlauf fest.

Wie kreativ und fantasievoll sind Sie? Um dies festzustellen, können Sie die folgenden zwei kleinen Übungen durchführen:

1. Zeichnen Sie 30 Kreise (Durchmesser ca. 2–3 cm) auf ein leeres Blatt und entwickeln Sie innerhalb von 3 Minuten aus jedem Kreis ein anderes Bild, z. B. ein Gesicht, einen Mond, eine Blume usw. Wie viele verschiedene Gestaltungsmöglichkeiten fallen Ihnen auf die Schnelle ein?

2. Stellen Sie sich vor, Sie landen auf einer einsamen Insel und finden in einer verlassenen Hütte eine Kiste mit 100 leeren Weinflaschen. Was könnten Sie damit machen?

> **Tipp:** Zeitdruck erschwert oder verhindert sowohl Kreativität als auch logisches Denken und damit das Lösen von Problemen. Nehmen Sie sich also Zeit für eine **kreative Pause**, wenn Sie ein Problem lösen wollen!

Während Sie sich entspannen und vollkommen abschalten, d. h. Ihr Bewusstsein in dieser Angelegenheit ausschalten, arbeitet Ihr Unterbewusstsein, Ihre rechte Hirnhälfte weiter. Sie merken das daran, dass Ihnen plötzlich in ganz anderem Zusammenhang und in völlig neuen Situationen Ideen zu Ihrem Problem einfallen. Sicherlich kennen Sie das: Manchmal liegt einem ein Wort auf der Zunge; man weiß es, kann es jedoch nicht benennen. Minuten, Stunden und manchmal sogar Tage später fällt es einem dann plötzlich ein. – Ihr Gehirn hat selbstständig an dem Problem weitergearbeitet, während Sie sich mit ganz anderen Dingen beschäftigt haben. Wichtig ist, dass Sie **immer Stift und Papier oder ein Diktiergerät zur Hand** haben, um die plötzlich auftauchenden, neuen Gedanken festzuhalten.

Zusammenfassung

Wenn Sie erfolgreich und zeitsparend Probleme lösen wollen, dann beachten Sie folgende Punkte:
→ Ruhe bewahren
→ keine Killerphrasen zulassen
→ logisch und systematisch an das Problem herangehen
→ den Blickwinkel verändern
→ Fantasie und Kreativität aktivieren

---

13. Teamfähigkeit und Delegation

„Menschen, die Zeit haben, sind immer auch Menschen, die nicht glauben, sie müssten alles selbst machen." (Emil Oesch)

■ Teamfähigkeit

Sie sind zwar im Klassenraum meistens auf sich allein gestellt, treffen Entscheidungen und bestimmen, was Sie zu welcher Zeit machen wollen, aber außerhalb des Unterrichts sind Sie Mitglied eines oder mehrerer Teams. Sie arbeiten mit Kollegen zusammen, die dieselben Fächer unterrichten und mit den Kollegen, die in denselben Klassen bzw. im selben Jahrgang eingesetzt sind. Vielleicht sind Sie auch Teil eines Gespanns aus Regelschullehrer und Sonderpädagoge? Teamarbeit bietet in jedem Fall zahlreiche Vorteile: Je teamfähiger Sie sind, desto mehr Zeit bleibt für Sie. Sie teilen Aufgaben untereinander auf, haben gemeinsam mehr Ideen, profitieren voneinander, gewinnen mehr Sicherheit, da Sie wissen, dass Ihre Kollegen mit Ihnen am gleichen Strang ziehen, und können dadurch gelassener Elterngespräche und auch Gespräche mit der Schulleitung führen.

Überprüfen Sie mit der folgenden Checkliste, inwieweit Sie sich bereits in ein Team einbringen.

Checkliste 12 – Teamfähigkeit

☐ Abstimmung der Umsetzung der curricularen Vorgaben mit den anderen Fachlehrern

☐ Austausch von Materialien

☐ Gemeinsame Erstellung von Lerneinheiten und Projektmaterialien

☐ Gemeinsame Erstellung von Lernzielkontrollen und Arbeiten

☐ Gemeinsame Erstellung und Sammlung von Material für Vertretungsstunden

☐ Absprachen über den Einsatz verschiedener Medien und Methoden

☐ Gemeinsame Planung und Absprachen von Ordnungsmaßnahmen

☐ Regelmäßiger Austausch über Leistungsstände, Probleme etc. zwischen denjenigen, die in derselben Klasse unterrichten

☐ Regelmäßiger Austausch über Leistungsstände, Probleme etc. zwischen denjenigen, die im selben Jahrgang unterrichten

☐ Teamteaching

☐ Gemeinsame Erstellung von Textbausteinen für Elternbriefe etc.

☐ Elternberatung im Team

◼ Delegation

Gehören Sie zu den Menschen, die sich am liebsten nur auf sich selbst verlassen? Sie fühlen sich zwar oft von der Arbeitsflut erdrückt, aber auf die Idee, sich Hilfe zu organisieren, einige Aufgaben zu delegieren, kommen Sie nicht? Wenn das so ist, fragen Sie sich doch einmal nach dem Grund. Kann es sein, dass Sie glauben, unersetzlich zu sein, und dass andere die Aufgaben bestimmt nicht so genau und erfolgreich bearbeiten werden? Sorgen Sie sich, dass Sie letztendlich wesentlich mehr Arbeit haben, da Sie die Fehler und Versäumnisse der anderen ausbügeln müssen?

Oder möchten Sie Ihren Kollegen nicht zur Last fallen, da die ja auch genug zu tun haben? Sind es bewusste oder unbewusste Ängste, die Sie davon abhalten, zu delegieren? Vielleicht sind Sie in der Kindheit ständig kritisiert worden und konnten es Ihren Eltern womöglich nie Recht machen; die Geschwister waren angeblich immer besser als Sie? Dann wäre es nicht verwunderlich, wenn Sie heute befürchten, andere würden die delegierten Aufgaben viel besser und sogar schneller und effektiver erledigen. Wenn Sie in der Kindheit oft als Versager bezeichnet wurden, so sitzt das tief und Sie wollen dieses schlechte Gefühl, es nicht geschafft zu haben, auf keinen Fall erleben.

Und auch wenn Sie in Ihrem Leben schon öfter die Erfahrung gemacht haben, dass Menschen Ihre Bitten und Wünsche nicht erfüllt haben; womöglich, dass Sie als Person abgelehnt wurden, dann werden Sie verständlicherweise jeder möglichen Ablehnung von vornherein aus dem Weg gehen wollen.

 Delegieren heißt, Verantwortung zu übertragen und Vertrauen zu verschenken. Delegieren heißt nicht, einen anderen um einen Gefallen zu bitten.

Wer erfolgreich delegieren will, muss nicht nur bereit dazu sein, sondern auch fähig. Bevor Sie delegieren, stellen Sie sich die folgenden W-Fragen:
→ Was will ich delegieren?
→ Wer kommt dafür infrage?
→ Warum soll er es tun?
→ Wie soll er es tun?
→ Bis wann sollte die Arbeit erledigt sein?

Delegation an die Schüler

Eine gute Führungskraft kann gut Aufgaben an die Mitarbeiter delegieren. Ein guter Lehrer delegiert in der Schule kleine, aber oft zeitintensive Aufgaben an seine Schüler. Dabei spart er nicht nur Zeit, sondern gibt den Schülern mehr Verantwortung und führt sie zu mehr Selbstständigkeit und Selbstsicherheit. Schauen Sie sich die folgende Liste an und überlegen Sie, welche dieser Tätigkeiten Sie bereits an Ihre Schüler abgeben und welche sie zukünftig zusätzlich delegieren könnten:

Welche Aufgaben kann ich an meine Schüler delegieren?
→ Schüler tragen die Verantwortung für das Klassenbuch.
→ Schüler sind Ansprechpartner für die Hausaufgaben und geben Mitschülern, die z. B. aufgrund von Krankheit abwesend waren, entsprechend Auskunft und ggf. auch Material.
→ Schüler achten auf die Einhaltung der Klassenregeln.
→ Schüler übernehmen die Organisation des Ordnungsdienstes (Fegen, Tafelwischen etc.).
→ Schüler übernehmen den Mediendienst (Whiteboard anschalten, OHP aufbauen, Fernseher holen etc.).

➜ Schüler tragen die Verantwortung für die Topfpflanzen auf den Fensterbänken.

➜ Schüler helfen bei der Gestaltung des Klassenraums.

➜ Schüler sammeln Arbeitsblätter, Hefte oder/und Mappen ein und geben den kompletten Satz dem Lehrer (oder Zwischenlagerung im Klassenschrank).

➜ Schüler sind verantwortlich für den „Kummerkasten" und sorgen dafür, dass entsprechende Probleme und Anregungen Gehör finden.

➜ Schüler überlegen sich kleine Bewegungsübungen zur Auflockerung des Unterrichts.

➜ Schüler übernehmen bei der Gruppenarbeit die „Zeitwächterrolle".

➜ Schüler übernehmen die Recherche im Internet für ein bestimmtes Thema.

➜ Leistungsstarke Schüler in einem Fach bieten Ihren Mitschülern eine „Fragestunde" nach dem Unterricht an.

➜ Schüler lassen sich zu Streitschlichtern ausbilden.

➜ Schüler organisieren Klassenfeste, Klassenfahrten mit.

➜ Schüler überlegen sich selbst Gestaltungsmöglichkeiten für Schulfeste, die Weihnachtsfeier und andere Gelegenheiten (z. B. durch Gründung einer Theater-AG und Einüben von Stücken).

➜ Schüler gestalten einen kleinen Teil einer Unterrichtsstunde selbst (10, 15 oder 20 Minuten).

Damit das Delegieren von Aufgaben an die Schüler wirklich Zeit spart und nicht zu noch mehr Stress führt, gehen Sie – besonders am Anfang – die folgenden Leitfragen durch:

Richtig Aufgaben an Schüler delegieren

➜ Welcher Schüler hat die Fähigkeiten, diese Aufgabe richtig zu erledigen?

➜ Welcher Schüler ist von seiner Persönlichkeit her geeignet, diese Aufgabe zu übernehmen?

➜ Welcher Schüler hat Lust, diese Aufgabe zu bekommen?

➜ Welchem Schüler würde es besonders gut tun, sich mit dieser Aufgabe ein Erfolgserlebnis zu verschaffen und durch Ihr Vertrauen gestärkt zu werden?

➜ Welcher Schüler würde durch die Erledigung dieser Aufgabe mehr soziale Kontakte bekommen, die ihm im Moment fehlen?

➜ Was genau soll bis zu welchem Termin erledigt werden? ➜ Unbedingt genaue Vorgaben geben und nicht so etwas wie: „so schnell es geht"!

Geben Sie bei langsamen Schülern nicht nur den Termin vor, bis wann die Aufgabe erledigt sein muss, sondern geben Sie auch vor, wie viel Zeit der Schüler maximal dafür verwenden darf. Dann beginnt der Schüler rechtzeitig und strengt sich mehr an. Er bemüht sich, die Zeitvorgabe, die knapp bemessen sein sollte, einzuhalten. Manche Aufgaben sollten Sie kurz vor Schulschluss delegieren. Auch dann beeilen sich die Schüler mehr, da sie ja in der Regel schnell in die Pause bzw. nach Hause wollen. Eine weitere Möglichkeit ist, in der ersten Stunde 5 Minuten dafür zu verwenden, Aufgaben zu verteilen und/oder an Aufgaben zu erinnern, die Sie bereits zuvor delegiert hatten.

Für regelmäßig wiederkehrende Aufgaben bietet es sich an, rotierend Dienste zu verteilen: ein paar Schüler übernehmen den Aufräumdienst, andere den Klassenbuchdienst, wieder andere den Mediendienst etc. und diese Dienste werden nach einem festen Plan bspw. jeden Monat gewechselt. So werden die Aufgaben auch für die Schüler zur Routine und Sie verschwenden keine Zeit damit, die Aufgaben ständig neu zu verteilen.

> **Tipp:** Hat ein Schüler die gestellte Aufgabe gut erledigt, hat er sich sehr bemüht, dann loben Sie ihn entsprechend und sagen Sie ihm, wie verlässlich und vertrauenswürdig er ist.

Es ist am Anfang sicher nicht leicht, die eine oder andere Aufgabe an Schüler zu übergeben, wenn Sie bisher vieles allein erledigt und sich selten auf andere verlassen haben. Und natürlich wird auch – gerade am Anfang – einiges nicht so laufen, wie Sie es sich gewünscht haben, vielleicht wird sogar mal etwas schieflaufen. Trotzdem: Lassen Sie los! Geben Sie Verantwortung ab und schenken Sie Vertrauen. Langfristig werden Sie und Ihre Schüler davon profitieren. Dabei sollten Sie unbedingt darauf achten, dass Sie während der Erledigung der Aufgaben nicht kontrollieren und nicht – oder nur im allergrößten Notfall – eingreifen und dass Sie nach getaner Arbeit das Loben nicht vergessen (dafür müssen Sie natürlich regelmäßig das Ergebnis überprüfen).

Delegation an die Eltern

Versuchen Sie stets, die Eltern soweit wie möglich einzubeziehen. Das gelingt nicht nur über eine gute Information und Kommunikation, sondern auch mit der Delegation von Aufgaben. Die folgende Liste hilft Ihnen, darüber nachzudenken, wie Sie Ihre Eltern mit einbinden und so für sich mehr Spielraum bzw. Freiraum gewinnen können. Wahrscheinlich sind nicht alle Vorschläge der Liste an Ihrer Schule umsetzbar, aber so wie eine Idee meistens neue Ideen zeugt, so werden auch diese Anregungen Ihnen weitere Möglichkeiten eröffnen.

Welche Aufgaben kann ich an die Eltern delegieren?

→ Eltern organisieren Elternabende.

→ Eltern organisieren Ausflüge, Theaterbesuche, Klassenfahrten usw.

→ Eltern begleiten die Klasse zu außerschulischen Lernorten/bei Ausflügen als Betreuungspersonen und bilden Fahrgemeinschaften.

→ Eltern helfen beim „Tag der offenen Tür" und anderen Schulveranstaltungen.

→ Eltern helfen bei der Hausaufgabenbetreuung.

→ Eltern unterstützen die Lehrer bei Aufsichten.

→ Eltern werden als Leseförderer eingesetzt.

→ Eltern bieten AGs an.

→ Eltern stellen Berufe, Vereine und Sportmöglichkeiten vor.

Delegation an die Kollegen?

Delegation ist zunächst ein Instrument für Führungskräfte, damit sie mehr Zeit für ihre wesentlichen Aufgaben erhalten. Eine Delegation im eigentlichen Sinne ist unter Kollegen kaum möglich. Hier geht es eher darum, um einen Gefallen zu bitten, weil Sie erkannt haben, dass ein anderer die Aufgabe besser und vor allem schneller erledigen wird. Jeder Kollege hat viel zu tun und ist nicht erfreut, wenn er eine weitere Aufgabe übernehmen soll. Das geht nur im Tausch. Wenn Sie z. B. der Meinung sind, dass Ihr stellvertretender Klassenlehrer viel besser und schneller organisieren kann als Sie, vielleicht sogar Spaß daran hat, die Klassenfahrt vorzubereiten, dann delegieren Sie. Fragen Sie ihn, ob er es machen wird, und bieten Sie ihm dafür eine Gegenleistung an. Vielleicht nehmen Sie ihm einige Pausenaufsichten ab oder Sie helfen ihm beim Aufräumen und Ordnen seiner Unterlagen in der Schule. Da sind Sie ja jetzt ein Profi! Oder wenn Sie nicht so fit mit Computerprogrammen sind und wissen, dass Ihre Kollegin X sich damit sehr gut auskennt und superschnell ist, bitten Sie sie, etwas Entsprechendes für Sie zu erledigen, und bieten ihr an, eine andere Aufgabe für sie zu übernehmen.

> **Zusammenfassung**
> Wenn Sie das Arbeiten im Team nutzen und versuchen, möglichst oft Aufgaben an Schüler und Eltern zu delegieren und Kollegen öfter mal einen Tausch von Aufgaben vorzuschlagen, bei dem jeder seine Stärken nutzt, werden Sie in Zukunft viel Zeit gewinnen und damit auch gelassener den Schulalltag meistern.

14. Kontrolle und Motivation

„Vertrauen ist gut, Kontrolle ist besser!"

So heißt ein Sprichwort, das ausdrücken soll, dass es richtig und wichtig ist, sowohl anderen Menschen als auch seinen eigenen Fähigkeiten zu vertrauen, aber nicht blind. Ab und zu sind Kontrollen sehr nützlich. Selbst bei gutem Willen und viel Engagement kann etwas schieflaufen, sodass geplante Ziele nicht erreicht werden, und auch bei einem Zeitmanagement-Profi geht die Zeitplanung mal daneben. Regelmäßige Kontrollen sorgen dafür, dass Unebenheiten entdeckt und möglichst beseitigt werden. Damit Sie motiviert und mit Energie den nächsten Schritt gehen bzw. das nächste Ziel des Zeitmanagements in Angriff nehmen können, ist es wichtig, zwischendurch immer zu klären, was gut funktioniert und wo nachgebessert werden muss. Kontrollen und damit die Auseinandersetzungen mit den entsprechenden Situationen führen außerdem zu neuen Erkenntnissen und Impulsen für weitere positive Veränderungen.

■ Tageskontrollen

„Ein Tag ohne Lachen ist ein verlorener Tag."

Wenn Sie Ihren Tag entspannt ausklingen lassen, dann lassen Sie sicher die schönen Momente Revue passieren, freuen sich über gelungene Situationen, lächeln oder lachen vielleicht sogar herzhaft über eine lustige Situation, über eine nette Geste und auch über Ihren Einfallsreichtum und Ihre Schlagfertigkeit. Visualisieren Sie Ihre Erfolgserlebnisse und genießen Sie das gute Gefühl. Wenn Sie Ihren Arbeitstag beenden, dann stellen Sie sich folgende Fragen:

Wer hat mir ein Lächeln geschenkt?

Wem habe ich ein Lächeln geschenkt?

Was habe ich heute für mich getan?

Wer hat heute eine positive Stimmung verbreitet?

Welche Stunde ist heute gut oder sogar super gelaufen?

Was war heute positiv?

Welche Ziele habe ich erreicht?

Nachdem Sie sich so positiv eingestimmt haben, können Sie sich ganz entspannt noch ein paar weitere, etwas kritischere Fragen stellen:

Leitfragenkatalog: Wie war mein Tag?

1. Konnte ich heute einem Kollegen und/oder einem Schüler ganz konkret helfen?
2. War die Stimmung im Kollegium und in den Klassenräumen positiv?
3. War ich morgens, mittags und abends in guter Verfassung?
4. Habe ich heute besondere Erfahrungen gemacht?
5. Bin ich Zeitdieben in die Falle getappt?
6. Gab es heute überflüssige Aktivitäten, die unnötig Energie gekostet haben?
7. Habe ich mich heute provozieren bzw. ärgern lassen?
8. Habe ich ein (mehrere) schwierige(s) Problem(e) gelassen und kreativ gelöst?
9. Habe ich heute negativ kritisiert? War die Kritik berechtigt oder habe ich überreagiert?
10. Gab es Stunden, die optimal vorbereitet waren?
11. Gab es eine Stunde, die total schief gelaufen ist?
12. Habe ich heute Kollegen oder Schüler überfordert?
13. Gab es heute schwierige Gespräche, die ich souverän und erfolgreich geführt habe?
14. War mein Zeitmanagement heute gut?

Malen Sie einen lachenden Smiley in Ihren Kalender, wenn Sie mindestens drei Fragen positiv beantworten konnten. Kopieren Sie diesen Fragenkatalog und heften Sie ihn an Ihre Pinnwand oder kleben Sie ihn auf Ihren Schreibtisch. Sie können ihn natürlich auch im Computer abspeichern und jeden Tag eine Kopie mit Datum und lachenden, ernsten oder traurigen Smileys versehen. Sehr gute Tage werden sonnengelb und weniger gute Tage grau markiert. Am Ende der Woche, des Monats oder des Halbjahres machen die Farben auf einen Blick deutlich, wie es gelaufen ist.

> **Tipp:** Bilanzieren Sie in regelmäßigen Abständen, welche Ziele Sie erreicht haben, was noch zu verbessern ist und welche Zeitdiebe Ihnen immer noch oder immer wieder zu schaffen machen.

Monatskontrolle

Einmal im Monat – vielleicht immer am 30. bzw. am 31. – oder zumindest immer zu Ferienbeginn sollten Sie eine etwas übergreifendere Kontrolle für sich durchführen und entsprechend Smileys in Ihrem Jahreskalender verteilen.

Leitfragenkatalog: Wie war der letzte Monat?
1. Wie ging es mir im letzten Monat beruflich und privat?
2. Wie war meine gesundheitliche Situation?
3. War ich sehr gestresst? Wenn ja, warum?
4. Welche allgemeinen Ziele und welche Ziele des Zeitmanagements habe ich bereits erfolgreich umgesetzt?
5. Welche Veränderungen aufgrund des Zeitmanagements sind nicht so eingetreten wie erwartet und warum?
6. Wie erfolgreich war mein Zeitmanagement?
7. Welche Zeitdiebe verfolgen mich? Wie kann ich sie fassen?
8. Welche Störfaktoren belästigen mich? Was kann ich dagegen tun?
9. Welche Zeitmanagementmethoden schaffe ich immer noch nicht umzusetzen und warum?
10. Welche Konsequenzen ziehe ich aus den Ergebnissen und Erkenntnissen?
11. Welche Ziele im Bereich Zeitmanagement und welche beruflichen und privaten Ziele will ich bis zum Halbjahr (Schuljahresende) erreichen?

Nur wenn Sie Ihr Zeitmanagement und Ihr Wohlbefinden ganz allgemein regelmäßig unter die Lupe nehmen und kritisch hinterfragen, können Sie es effektiv verbessern oder einen erreichten positiven Zustand langfristig erhalten.

Motivation

Die regelmäßigen Kontrollen sollen nicht nur aufzeigen, was noch nicht so gut läuft, sondern auch Fortschritte und Erfolge hervorheben. Klopfen Sie sich dafür ruhig auch mal selbst auf die Schulter, wenn es sonst niemand macht, denn Eigenlob motiviert!

Kleben Sie für besonders erfolgreich erledigte Aufgaben und für gelungenes Zeitmanagement einen Smiley in Ihren Jahreskalender oder an den Kühlschrank, damit Sie zu jeder Zeit sehen können, was Sie schon alles gut gemeistert haben. Das motiviert, weiterzumachen, vor allem dann, wenn es mal nicht so rund läuft. Eigenlobenswerte Erfolgserlebnisse sind z. B. folgende:

→ Ich habe eine wichtige Aufgabe fristgerecht und erfolgreich erledigt.
→ Ich habe meinen Schreibtisch bzw. mein Arbeitszimmer aufgeräumt.
→ Ich habe es geschafft, dass ein Außenseiter-Schüler nun besser in der Klasse integriert ist.

→ Ich habe ein schwieriges Elterngespräch erfolgreich geführt und mein Ziel für diesen Schüler erreicht.

→ Ich habe einen Plan für die nächsten Projekttage erstellt, der in der Konferenz angenommen wurde.

→ Ich habe es geschafft, auf die Bitte der Schulleitung oder eines Kollegen ganz nebenbei, freundlich aber bestimmt Nein zu antworten (siehe Kapitel „Nein sagen", S. 31)

→ Ich habe die Schulleitung um etwas gebeten, was große Überwindung gekostet hat.

Tipp: Führen Sie ein **Erfolgstagebuch**, in dem alle schönen, erfolgreichen Erlebnisse – sei es im Unterricht, in Schüler- oder Elterngesprächen, in der Teamarbeit mit den Kollegen und natürlich auch innerhalb der Familie und mit Freunden – eingetragen werden. Dieses Erfolgstagebuch lesen Sie dann z. B. an einem grauen Novembertag, an dem in der Schule vieles nicht so gelaufen ist, wie Sie es sich vorgestellt hatten. So holen Sie sich die „Sonne" in den Tag und vertreiben trübe Gedanken, die Sie daran hindern, konzentriert und effektiv Ihre noch anstehenden Aufgaben zu erledigen.

Zusammenfassung

Regelmäßige Kontrollen helfen Ihnen, zu erkennen, inwieweit Ihr Zeitmanagement bereits erfolgreich ist und an welchen Stellen noch Veränderungen notwendig sind. Die Ziele, die Sie schon erreicht haben, und die Eintragungen in Ihr Erfolgstagebuch geben Energie und motivieren Sie, weitere Ziele in Angriff zu nehmen.

15. Zeitmanagement-Methoden

„Verschiebe nicht auf morgen, was auch noch bis übermorgen Zeit hat."
(Mark Twain)

In den bisherigen Kapiteln haben Sie bereits viele allgemeine Anregungen und Tipps für ein gelungenes Zeitmanagement erhalten. An einigen Stellen wurde schon auf die ein oder andere ganz konkrete Zeitmanagement-Methode verwiesen, die Ihnen bei der Umsetzung der Anregungen helfen kann. Im Folgenden werden nun neun bewährte Zeitmanagement-Methoden – auch Werkzeuge genannt – genau erklärt und vorgestellt. Sie helfen Ihnen v. a. dabei, sich besser zu organisieren. Sie verfolgen damit letztendlich alle die gleichen Ziele und die zugrunde liegenden Ideen ähneln sich – von daher wäre es natürlich unsinnig, alle Methoden anwenden zu wollen. Probieren Sie die verschiedenen Werkzeuge einfach einmal aus und versuchen Sie, herauszufinden, welche von ihnen am besten zu Ihnen passen!

Übersicht der Zeitmanagement-Methoden

a) To-do-Listen	d) ALPEN-Methode	g) DAISY-Methode
b) ABC-Analyse	e) Pareto-Prinzip	h) Salami-Taktik
c) Eisenhower-Methode	f) Kalender-Methode	i) Drei-Minuten-Methode

▮ a) To-do-Listen

In einer To-do-Liste werden alle Aufgaben aufgelistet, die es zu erledigen gilt. Ähnlich wie bei einem Einkaufszettel sind die Aufgaben zunächst ungeordnet notiert. Im Prinzip sind To-do-Listen also einfache Merkzettel. Allerdings wird hier – im Gegensatz zum Einkaufszettel – dazu notiert, bis wann die Aufgaben zu erledigen sind. To-do-Listen machen es außerdem möglich, große Aufgaben in Teilschritte zu zerlegen, die dann einzeln je nach Wichtigkeit abgearbeitet werden können. Das heißt, Sie nehmen auf der Liste auch Priorisierungen vor. Darüber hinaus ist es sinnvoll, die Aufgaben der Liste zu gruppieren; z. B. jeweils die Aufgaben in der Schule, die Aufgaben zu Hause für die Schule und private Aufgaben zusammenzuschreiben. In jedem Falle sollte eine To-do-Liste nicht zu ausführlich sein, sondern eher kurzgefasst wie ein „Spickzettel", damit der Vorteil der schnellen Übersicht nicht verloren geht. Außerdem sollten erledigte Aufgaben durchgestrichen, abgehakt o. Ä. werden – das verdeutlicht Erfolgserlebnisse und motiviert zum Weiterarbeiten.

Sie können die Liste handschriftlich auf ein Blatt Papier, ein Flipchart oder an eine Tafel schreiben oder Sie tippen sie digital in eine Computerdatei, in Ihr Smartphone oder Tablet. Bei der handschriftlichen To-do-Liste ist in der Regel die Merkfähigkeit größer und ein Zettel passt in die kleinste Jacken- bzw. Hosentasche, sodass Sie die Liste immer dabeihaben. Computer, Smartphone und Tablet haben den Vorteil, dass Sie die Aufgaben besser sortieren/gruppieren und eine Erinnerung programmieren können. Mittlerweile gibt es einige kostenlose Programme für To-do-Listen zum Downloaden.

> **Tipp:** Die einfachste To-do-Liste ist meist die beste.

Hier noch einmal die Vorteile von (To-do-)Listen auf einen Blick:
→ Listen machen den Kopf frei und sind eine gute Gedächtnisstütze.
→ Listen ordnen die anstehenden Aufgaben und verschaffen einen guten Überblick.
→ Listen, die wir „schwarz auf weiß" haben, motivieren, die Aufgaben auch wirklich anzugehen und zu erledigen.
→ Listen bündeln Energie für das Handeln.
→ Listen regen zur Kontrolle an und vereinfachen diese.

Als positive Ergänzung zu Ihren To-do-Listen (und allen anderen Zeitmanagement-Methoden) können Sie auch eine „Gut-gemacht-Liste" führen (vgl. Rainer Mittelstädt in „Zeitmanagement für Lehrer – Pocket-Ratgeber Schule", Verlag an der Ruhr 2011, S. 26). Während Sie in einer To-do-Liste aufschreiben, welche Aufgaben noch zu erledigen sind, werden in der „Gut-gemacht-Liste" all diejenigen Aufgaben oder auch Situationen notiert, die Sie erfolgreich gemeistert haben. Auch wenn es ein paar Minuten Zeit extra kostet, so kann es sich lohnen, am Abend in Stichworten auf ein Blatt, in ein Heft oder in ein spezielles Buch in Ihrer Lieblingsfarbe zu notieren, was Ihnen am Tag gut und sehr gut gelungen ist, z B. eine besonders gelungene Unterrichtsstunde oder Unterrichtseinheit, die Motivation eines Schülers, der meistens in einer „Null-Bock-Stimmung" ist, ein sehr positives Elterngespräch, ein erfolgreiches Nein gegenüber einer Bitte usw. (vgl. Tipp zum „Erfolgstagebuch" auf S. 80).

b) ABC-Analyse

Die ABC-Analyse ist ein Ordnungsverfahren, mit dem Sie viel Energie sparen, da Sie Ihre Aufgaben nach Dringlichkeit ordnen und schnell Wesentliches von Unwesentlichem trennen. Dadurch, dass Sie Ihre Aufgaben in A-Aufgaben (sehr dringend; z.B. Unterrichtsvorbereitung oder Zeugnisnoten eintragen), B-Aufgaben (weniger dringend und teilweise delegierbar; z.B. Organisation eines Wandertages) und C-Aufgaben (nicht dringend und ebenfalls teilweise delegierbar; z.B. Schreibtisch aufräumen oder die Pflanzen im Klassenraum umtopfen) ordnen – u.U. sind auch mehr als diese drei Kategorien/Buchstaben sinnvoll –, erhalten Sie sehr schnell einen Überblick über die noch anstehenden Erledigungen und erkennen sofort, bei welchen Aufgaben sich ein hoher Einsatz für eine schnelle Erledigung in kürzester Bearbeitungszeit lohnt und bei welchen Aufgaben Sie sich durchaus Tage oder gar Wochen Zeit lassen können. Versuchen Sie, Ihre Arbeitszeit entsprechend der Dringlichkeit der Aufgaben einzuteilen: Am meisten Zeit reservieren Sie für A-Aufgaben und am wenigsten für C-Aufgaben.

c) Eisenhower-Methode

„Was wichtig ist, ist selten dringend, und was dringend ist, ist selten wichtig."
(Dwight D. Eisenhower)

Diese Methode ist benannt nach dem US-Präsidenten und Alliierten-General Dwight D. Eisenhower, der sie angewandt und gelehrt hat. Ziel ist es, die richtigen Prioritäten zu setzen und die unwichtigen Dinge auszusortieren, dann werden Sie erfolgreich sein! Alle anliegenden Aufgaben werden als dringend/nicht dringend und wichtig/nicht wichtig kategorisiert und entsprechend in vier Quadranten geschrieben.

	dringend	nicht dringend
wichtig		
nicht wichtig		

Da diese Quadrantenaufteilung für manche auf den ersten Blick allerdings eher verwirrend als hilfreich erscheint, schlage ich eine **Variante** vor, bei der mithilfe von Farben und Formen das Konzept noch besser verdeutlicht und die Aufgabenkategorisierung stärker visualisiert wird:

A-Aufgaben, die für Ihren Erfolg *sehr wichtig* und außerdem *sehr dringend* sind, also am besten sofort erledigt werden sollten, schreiben Sie auf rote (Stern-)Kärtchen.

B-Aufgaben, die Sie zwar *wichtig* sind, die Sie also auf keinen Fall vergessen dürfen, die aber *nicht ganz so dringend* sind, schreiben Sie auf orangefarbene (Viereck-)Kärtchen.

C-Aufgaben, die zwar *sehr dringend*, also schnellstens fertigzustellen sind, bei denen es aber *nicht wichtig* ist, dass Sie sie selbst erledigen, die sich also gut an zuverlässige Schüler oder Eltern *delegieren* lassen, schreiben Sie auf gelbe (Dreieck-)Kärtchen.

D-Aufgaben, für die Sie sich Zeit lassen können, weil sie *nicht dringend* und auch *nicht wichtig* sind, schreiben Sie auf weiße (Kreis-)Kärtchen. Überlegen Sie, ob diese Aufgaben wirklich erledigt werden müssen oder womöglich auch ganz gestrichen werden können.

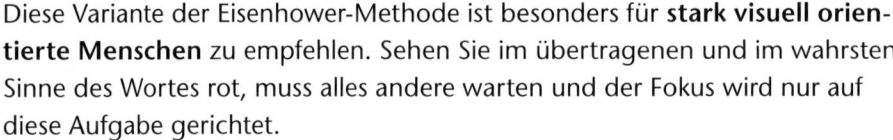

A = WICHTIG und DRINGEND! (rot) – sofort selbst erledigen!

B = WICHTIG, aber nicht dringend (orange) – zeitnah erledigen (am besten Termin festlegen)

C = DRINGEND, aber nicht wichtig (gelb) – sofort erledigen, aber am besten delegieren!

D = Nicht dringend und nicht wichtig (weiß) – irgendwann oder gar nicht erledigen

Diese Variante der Eisenhower-Methode ist besonders für **stark visuell orientierte Menschen** zu empfehlen. Sehen Sie im übertragenen und im wahrsten Sinne des Wortes rot, muss alles andere warten und der Fokus wird nur auf diese Aufgabe gerichtet.

d) ALPEN-Methode

Die ALPEN-Methode nach L. J. Seiwert hilft Ihnen (und Ihren Schülern!), den Tag zu planen und zu strukturieren. Die Planung erfolgt schriftlich und in fünf Schritten:

A ufgaben notieren

Alle Aufgaben, die am nächsten Tag oder in der nächsten Woche zu erledigen sind, werden aufgeschrieben, und zwar zunächst so, wie sie Ihnen gerade in den Sinn kommen, ohne eine Rangfolge zu beachten.

L änge der Aufgaben einschätzen

Versuchen Sie, einzuschätzen, wie viel Zeit Sie – realistisch betrachtet – für die einzelnen Aufgaben brauchen werden, und notieren Sie die Zeiten hinter den Aufgaben. Wenn Sie glauben, Sie brauchen eine Stunde für die Korrektur der Lernkontrolle, dann schreiben Sie lieber 10–15 Minuten mehr auf als zu wenig. Setzen Sie sich ein klares Zeitlimit, über das Sie dann nicht hinausgehen. Termine tragen Sie mit genauen Uhrzeiten in Ihr Zeitplanbuch, Ihre Zeit-Datei im Laptop oder in einen entsprechenden Kalender ein. Bewährt haben sich auch Kalenderblätter mit Stundenangaben als Schreibunterlage auf dem Schreibtisch.

P uffer mit einplanen

Wenn Sie Ihren Tag oder auch die Woche planen, dann seien Sie realistisch und denken Sie daran, was alles dazwischenkommen kann. In der Schule sind es Gespräche mit Schülern und Kollegen, zu Hause sind es Anrufe von Eltern oder private unvorhersehbare Aufgaben und Situationen („Mama, kannst du mich bitte mal schnell zum Sport fahren? Ich hab den Bus verpasst."). Prozentual gesehen, sollten nur etwa 60 % der Zeit genau verplant werden und 40 % als Zeit-Puffer dienen (siehe „Pausen, Puffer, Wartezeiten", S. 58). Je nachdem, ob Sie als Single oder in der Familie leben, ob Sie für mehrere Menschen im Privatbereich Ansprechpartner sind oder nicht, können Sie die prozentualen Anteile verändern. Leiten Sie dies von Ihren Erfahrungswerten ab.

Achten Sie bei der Planung der Zeit-Puffer auch unbedingt auf Ihre individuell unterschiedliche Leistungsfähigkeit zu verschiedenen Tageszeiten (siehe „Biorhythmus und Leistungskurven", S. 23). Brauchen Sie die Zeit-Puffer nicht in vollem Umfang, so können Sie die freie Zeit mit Vergnügen genießen oder Sie arbeiten vor, um vielleicht das ganze Wochenende mit der Familie und/oder mit Freunden zu verbringen.

E ntscheidungen treffen

Wenn Sie alle Aufgaben für den Tag aufgeschrieben und den Zeitaufwand geklärt haben, sollten Sie entscheiden, wie Sie die Aufgaben priorisieren wollen, und eine entsprechende Reihenfolge festlegen (z. B. nach der ABC- oder der Eisenhower-Methode). Außerdem müssten Sie dahingehend Entscheidungen treffen, welche (Teil-)Aufgaben Sie an wen delegieren möchten und welche Sie vielleicht sogar ganz streichen können.

N achkontrolle nicht vergessen

Nach getaner Arbeit am Abend bzw. vor dem Eintauchen in die Freizeit sollte immer eine Nachkontrolle erfolgen. Verschaffen Sie sich einen Überblick darüber, welche Aufgaben vollständig erledigt wurden und welche in den Plan des nächsten Tages/der nächsten Woche übernommen werden müssen. Reflektieren Sie auch, warum Sie einen Zeitplan nicht oder besonders gut einhalten konnten – welcher Zeitdieb hat Sie doch wieder ausgetrickst? War Ihre Planung zu unrealistisch? Welche Zeitmanagement-Methode hat sich bewährt?

▉ e) Pareto-Prinzip

Ist Ihnen schon mal aufgefallen, dass im Unterricht häufig nur ca. 20 % der Schüler etwa 80 % der Mitarbeit übernehmen?

Vilfredo Pareto (1843–1923) entwickelte das Pareto-Prinzip, das auch unter dem Namen „80-zu-20-Regel" bekannt ist. Es besagt, dass 20 % eines maximalen Aufwandes zu 80 % eines maximalen Ergebnisses führen. Um ein 100 %iges, also perfektes Ergebnis zu erreichen, brauchen Sie die weiteren 80 % eines maximalen Aufwandes – also ein enormer Mehraufwand für eine nur noch kleine Verbesserung des Ergebnisses. Fragen Sie sich also bei jeder Aufgabe, ob es nicht reicht, sie mit 20 % des maximalen Aufwandes zu erledigen. Sie können das Pareto-Prinzip auf alle möglichen Arten von Aufgaben anwenden – es gilt z. B. sowohl für die Unterrichtsvorbereitung als auch für das Protokoll eines Elterngesprächs. Insbesondere Perfektionisten sollten sich dieses

Konzept immer wieder vor Augen führen und ihren Arbeitsaufwand kritisch hinterfragen. Mit ein bisschen Übung fällt es Ihnen bei vielen Dingen bestimmt immer leichter, sich auch mit einem 80%igen Ergebnis zufriedenzugeben!

f) Kalender-Methode

Wichtig für den richtigen Überblick zu jeder Zeit ist ein großer (Schul-)Jahreskalender an der Wand/Tür, und zwar so, dass Ihr Blick vom Schreibtisch aus immer wieder darauf fällt. In Ihrer Lieblingsfarbe markieren Sie zuerst die Schulferien, Feiertage, Geburtstage der Familienmitglieder und dann jedes freie Wochenende, das Sie genießen möchten. Tragen Sie auch regelmäßige private Termine, wie Sport usw., ein. Markieren Sie dann in einer anderen Farbe alle bereits am Anfang des Schuljahres geplanten Konferenzen und Besprechungen, Projekttage, Wandertage und die Klassenfahrten, bei denen sie mitfahren, in der von Ihnen gewählten Schulfarbe. Anschließend markieren Sie in regelmäßigen Abständen einen freien Nachmittag und Abend nur für sich allein, am besten in einem Goldton, denn diese Zeiträume sind besonders wertvoll; hier stehen Sie selbst im Mittelpunkt. So programmieren Sie sich positiv, wenn Sie Ihren Jahreskalender anschauen, denn Sie sehen Ihre „**goldenen Tage**" und das zaubert ein Lächeln auf Ihr Gesicht und gibt Ihnen Energie für die Zeit bis dahin. Wenn Sie jetzt sagen: „Das weiß ich doch jetzt noch nicht, ob ich mir dann einen freien Nachmittag und Abend genehmigen kann", dann sind Sie für sich nicht so wichtig, wie es sein sollte. Natürlich kann ein Familienmitglied krank werden oder der Partner tritt eine unvorhergesehene Geschäftsreise an. Das sind dann triftige Gründe, Ihren „Termin mit sich selbst" zu verschieben. Ansonsten sollten Sie sich aber unbedingt daran halten und die „goldenen Tage" nicht immer wieder auf später verschieben!

g) DAISY-Methode

Die DAISY-Methode (= **D**in-**A**6-**I**nformations-**Sy**stem) wurde in den 1970er-Jahren von dem Schweizer Physiker Martin Gerber bekannt gemacht. Sie kommt mit kleinen DIN-A6-Notizzetteln aus und arbeitet mit Farben. Sie ist daher besonders hilfreich für visuell ausgerichtete Menschen und jene, die bei ihren Planungen ungern auf ihre Zettelchen verzichten möchten. Diese Zettel in unterschiedlichen Farben werden in Klarsichthüllen in einem Ordner abgeheftet, der entsprechend nach rot, gelb, blau … aufgeteilt ist.

→ Auf *roten* Zettelchen stehen aktuelle, sehr wichtige Aufgaben. Zu den roten Zettelchen gehört ein Terminplan.

→ Auf *gelben* Zettelchen stehen noch nicht erledigte Aufgaben, die bald bearbeitet werden sollten.

→ Auf *blauen* Zettelchen stehen Namen, Adressen, Telefonnummern etc.

→ Auf *weißen* Zettelchen stehen wichtige Infos, die so jederzeit abrufbar sind.

→ Auf *orangefarbenen* Zetteln stehen Ideen.

→ Auf *violetten* Zetteln stehen persönliche Ziele und Pläne.

→ Den *grünen* Zetteln werden Belege und Infomaterial zum Aufheben angeheftet.

Wenn Sie eine Pinnwand oder eine Wandtafel im Arbeitszimmer haben, so wird es noch übersichtlicher, wenn Sie die Zettel dort anheften. So können Sie auf einen Blick feststellen, was dringend zu erledigen ist, und haben alle wichtigen Telefonnummern und Infos jederzeit parat. Jeder Zettel erhält oben rechts einen Schlüsselbegriff, um leicht überblicken zu können, worum es darauf geht. Sehr übersichtlich können diese Zettel auch in mehrere, farblich unterschiedlich gekennzeichnete Bereiche eines Ordners eingeordnet werden. Ist der rote oder gelbe Bereich zu voll, heißt es, eine Extraschicht einzulegen und vor allem den roten Bereich abzuarbeiten.

h) Salami-Taktik nach Descartes

Bereits der Philosoph René Descartes wendete im 17. Jahrhundert diese Methode an. Die **vier Schritte**, die er zur Zeitersparnis vorschlug, gelten auch heute noch und wurden von anderen Zeitmanagern aufgegriffen:

1. Schreibe das Problem oder das Ziel, das du angehen möchtest, auf.
2. Zerlege die umfangreiche Aufgabe in kleine Teile (wie die Salami in Scheiben).
3. Setze Prioritäten und ordne die Teilaufgaben entsprechend.
4. Erledige alle Teilaufgaben und kontrolliere dann das Ergebnis.

▣ i) Die Drei-Minuten-Methode

Wenn Sie Zeit gewinnen wollen, so ist es sinnvoll, Aufgaben und Tätigkeiten, die nicht mehr als drei Minuten beanspruchen, sofort zu erledigen. Das kostet weniger Energie, als sie erst in die Aufgabenliste zu übernehmen, ihnen eine Priorität zuzuweisen und sie später abzuarbeiten. Positiver Nebeneffekt ist außerdem ein schnelles Erfolgserlebnis.

Für spontane Drei-Minuten-Aufgaben können Sie Routinearbeiten auch ohne Probleme schnell mal unterbrechen. Es gibt nur eine Ausnahme, in der es nicht sinnvoll ist, die Drei-Minuten-Methode anzuwenden, nämlich wenn Sie an einem Projekt arbeiten, das Ihre volle Konzentration erfordert. Dann ist keine Störung oder Unterbrechung erlaubt, denn Sie brauchen ja immer wieder mehrere Minuten für das erneute Einarbeiten und die Erreichung der vollen Konzentration.

> **Zusammenfassung**
>
> Es gibt zahlreiche Zeitmanagement-Methoden, die sich zwar äußerlich etwas unterscheiden (z. B. arbeiten einige Methoden eher logisch, während andere die Visualisierung durch Farben und Formen nutzen), bei denen es aber im Kern immer darum geht, sich einen Überblick zu verschaffen, Aufgaben zu kategorisieren und zu priorisieren und letztendlich dadurch die Arbeitsorganisation zu verbessern und Zeit für die schönen Dinge des Lebens zu gewinnen.
>
> Das Wichtigste ist nun für Sie, durch Ausprobieren diejenigen Methoden herauszufinden, die Ihnen am besten helfen!

*„Zeit hat man nur,
wenn man sie sich nimmt."*

(Karl Heinrich Waggerl)

Hilfsmittel zur
Zeitmanagement-Optimierung

16. Visualisierung und Fantasie

„Fantasie ist wichtiger als Wissen!" (Albert Einstein)

Der Satz „Fantasie ist wichtiger als Wissen!" aus dem Mund eines Mathematikers und Physikers, bei dem Zahlen und Formeln im Mittelpunkt standen, ist auf den ersten Blick erstaunlich. Auf den zweiten Blick wird jedoch schnell klar, dass gelerntes Faktenwissen allein nicht ausreicht, um neue Erkenntnisse zu gewinnen, neue physikalische Gesetze zu entdecken oder Probleme zu lösen. Nur wenn man sich Dinge vorstellen kann, die (noch) nicht existieren, kann man über seine Grenzen hinauswachsen, etwas Neues entwickeln.

Wenn Sie morgens unter der Dusche die zu erledigenden Aufgaben und Termine vor Augen haben, eine Unterrichtsstunde in Gedanken wie einen Film ablaufen lassen oder sich vorstellen können, wie sich ein Elterngespräch voraussichtlich entwickeln wird und wie die einzelnen Tagesordnungspunkte einer Konferenz abgehandelt werden, bringt das Sicherheit und Gelassenheit. Sie laufen so weniger Gefahr, etwas zu vergessen, und sollten Sie aus irgendeinem Grund einmal den Faden verlieren, so brauchen Sie den „Gedankenfilm" nur noch einmal im Zeitraffer abzuspulen. Nicht immer wieder in die Unterlagen schauen zu müssen, spart Zeit und vermindert Stress.

Um Ihnen zu verdeutlichen, wie viel leichter das Arbeiten mit einer guten Vorstellungskraft ist, probieren Sie doch einmal die folgende Übung: Versuchen Sie, sich mit einmaligem Durchlesen die folgenden Sätze so gut einzuprägen, dass Sie sie auch morgen oder in der nächsten Woche noch sagen können.

Ein Zweibein sitzt auf einem Vierbein an einem Dreibein und hält ein Einbein. Da kommt ein Vierbein, springt auf das Dreibein und schnappt dem Zweibein auf dem Vierbein das Einbein weg.

Wenn Sie versucht haben, sich Schritt für Schritt die Wörter zu merken, so sind wahrscheinlich die Beine sehr schnell durcheinandergepurzelt und es wird später immer wieder zu Verwechslungen führen. Wenn Sie jedoch nicht nur Ihr Gedächtnis, sondern auch Ihre Fantasie aktiviert haben und sich Bilder zu der kleinen Geschichte vorgestellt haben, dann können Sie ohne Wiederholung die Sätze auch in einer Woche noch fehlerfrei sagen:

Ein Mensch (Zweibein) sitzt auf einem Stuhl (Vierbein) an einem dreibeinigen Tisch (Dreibein) und hält einen Hähnchenschenkel (Einbein). Da kommt ein Hund (Vierbein), springt auf den Tisch (Dreibein) und schnappt dem Menschen (Zweibein) auf dem Stuhl (Vierbein) den Hähnchenschenkel (Einbein) weg.

„Ein Bild sagt mehr als tausend Worte."

Wenn Sie selbst ein gutes Vorstellungsvermögen besitzen, fällt es Ihnen auch leichter, im Unterricht auf Visualisierung einen Schwerpunkt zu legen und damit wiederum das Vorstellungsvermögen bei Ihren Schülern zu fördern.

 Visualisieren heißt, etwas bildhaft darstellen, seien es Informationen, Gefühle oder Entwicklungen.

Auch wenn es unterschiedliche Lerntypen gibt und manche Schüler Informationen z. B. besser speichern können, wenn sie sie hören (auditiver Lerntyp), so lernen die meisten Schüler leichter, wenn der Lernstoff visualisiert und anschaulich dargestellt wird (visueller Lerntyp). Informationen können bspw. in einer Mindmap grafisch in einen Zusammenhang gebracht werden. Da die Mindmap als Bild wahrgenommen und gespeichert wird, fällt es den Schülern leichter, diese Zusammenhänge zu verstehen und auch zu festigen. Visualisieren im Unterricht bedeutet, bildhafte Tafelbilder bzw. Smartboard-Informationen zu entwickeln, eine Pinnwand, ein Flip-Chart, einen Overheadprojektor oder einen Beamer einzusetzen, Regelplakate zu entwickeln, neben Texten auch Diagramme, Schaubilder, Fotos etc. als Informationsquelle einzusetzen und vor allem eine bildhafte Sprache zu verwenden. Damit kann die Wissensspeicherung – zumindest bei visuellen Lerntypen – um 30 % bis 40 % erhöht werden.

Mit der Visualisierung erreichen Sie, ...

→ dass Ihre Schüler im Unterricht oder Ihre Kollegen und Eltern in Konferenzen/Besprechungen
  > aufmerksamer sind,
  > Informationen leichter erfassen und speichern können,
  > Wesentliches von Unwesentlichem sicherer unterscheiden können.
→ dass Sie
  > Ihre Erklärungen minimieren können.
  > mehr Zeit haben, die Beteiligung und das Interesse Ihrer Zuhörer wahrzunehmen.

 Geistiges Arbeiten ist ganzheitlich und gehirngerecht, wenn beide Hirnhälften gleichermaßen angesprochen werden und intensiv zusammenarbeiten.

Etwas begreifen heißt, **digitale Informationen**, also Wörter, **mit analogen Informationen**, also Vorstellungen und Bildern, zu **verknüpfen**.

Tipp: So trainieren Sie Fantasie und Kreativität:

→ Visualisieren Sie jeden Morgen – vielleicht unter der Dusche – alle Dinge in Ihrer Schultasche. So trainieren Sie Ihr Vorstellungsvermögen und merken gleichzeitig, ob Sie etwas vergessen haben.

→ Visualisieren Sie auf dem Weg zur Arbeit Ihr Lehrerzimmer, Gespräche mit Kollegen, die Sie führen möchten, und Termine, die Sie heute wahrnehmen wollen.

→ Stellen Sie sich oft Dinge vor, die es (noch) nicht gibt, z. B. Fortbewegungsmittel und Kleidung im Jahr 2200.

→ Denken Sie sich jeden Tag für einen bestimmten Gegenstand, z. B. Buch, Füller, Regenschirm, mehrere weitere Verwendungsmöglichkeiten aus.

Zusammenfassung

Tatsächliche und gedankliche Visualisierungen erleichtern sowohl das Lehren als auch das Lernen. Eine gute Vorstellungskraft führt nicht nur zum besseren Merken realer Fakten und Daten, sondern auch zu mehr Fantasie. Sie ermöglicht die Vorstellung von Dingen, die es (noch) nicht gibt, lässt das Denken ohne Zensur zu, ermöglicht dadurch Kreativität, was wiederum die Lösung von Problemen vereinfacht und dadurch Energie und Zeit spart. Wer fantasievoll und kreativ ist, braucht kaum Wiederholungen, um sich etwas einzuprägen, kann beim Lesen eines Textes oder eines Buches viel mehr Informationen sicher abspeichern, muss Daten und Fakten nicht mehrfach nachschlagen und gewinnt so viel Zeit.

17. Konzentration und Gedächtnis

„Zerstreutheit ist Konzentration auf etwas anderes." (Erik Wickenburg)

Mangelnde Konzentration und ein schlechtes Gedächtnis führen dazu, dass Dinge wie z. B. Korrigieren oder Unterrichtsvorbereitung viel zu viel Zeit kosten, dass wiederholtes Nachschlagen und Lesen an der Tagesordnung sind und nicht zuletzt auch, dass sich leicht Fehler einschleichen.

Konzentration

„Niemand kann gleichzeitig auf zwei Hochzeiten tanzen!"

Konzentration ist nicht nur höchste Aufmerksamkeit, sondern auch die Fähigkeit, sich mit einer Aufgabe oder Sache über einen längeren Zeitraum auseinanderzusetzen. Nur, wenn Sie sich auf eine Sache voll konzentrieren, nehmen Sie sie alle nötigen Informationen bewusst auf, können sie optimal speichern und anwenden bzw. umsetzen. Gerade in unserer heutigen Zeit, in der alles immer schnell gehen muss, wir ständig erreichbar sein sollen und dadurch andauernd kleinen Störungen ausgesetzt sind, fällt eine solche uneingeschränkte Konzentration auf nur eine Sache jedoch vielen Menschen sehr schwer. Sie leiden an Konzentrationsschwäche oder – positiver ausgedrückt – Konzentrationsmangel. Dieser äußert sich durch:

- → Vergesslichkeit
- → motorische Unruhe
- → Flüchtigkeitsfehler
- → mangelndes Interesse
- → mangelnde Ausdauer/Geduld
- → innere Ruhelosigkeit
- → Ungeduld

- → mangelnde Fähigkeit, zuzuhören
- → wiederholt gedankenloses Handeln
- → Nichtbeenden von Aufgaben
- → eine negative Einstellung
- → leichte Reizbarkeit
- → eine geringe Frustrationstoleranz

Ein unkonzentrierter Lehrer ist leicht frustriert und lässt sich immer wieder ablenken, unterbricht ständig seine Arbeit, geht unruhig hin und her oder spielt bei jeder Gelegenheit nervös mit irgendwelchen Gegenständen, wie z. B. Kugelschreibern, oder seinen Fingern. Er muss sich immer wieder neu motivieren, sonst verliert er leicht die Lust an einer Sache. Seine Begeisterungsfähigkeit ist oft wie ein aufloderndes Feuer, das selten lange anhält, sondern sehr schnell wieder erlischt.

Um konzentrierter und damit gelassener zu werden, finden Sie in der folgenden Checkliste verschiedene Anregungen. Kreuzen Sie an, was Sie davon bereits umsetzen. Suchen Sie sich dann ein oder zwei nicht angekreuzte Tipps aus, die Sie zukünftig umsetzen wollen!

 ### Checkliste 13 – Wie kann ich meine Konzentrationsfähigkeit verbessern?

☐ Ich schätze meine Fähigkeiten realistisch ein und teile mir meine Zeit sinnvoll ein, sodass ich mir nicht zu viele Aufgaben auf einmal zumute.

☐ Ich erwarte nicht zu viel von mir und anderen.

☐ Ich mache umfangreiche Arbeiten überschaubar, indem ich sie in Teilschritte zerlege.

☐ Ich beseitige Ablenkungsmöglichkeiten und Störfaktoren.

☐ Ich schränke meinen Medienkonsum ein.

☐ Ich arbeite an einem festgelegten Arbeitsplatz.

☐ Ich bestimme eine für mich geeignete und angemessene Arbeitszeit entsprechend meiner individuellen Leistungskurve.

☐ Ich wechsle so oft wie möglich Sachgebiete und Tätigkeiten.

☐ Ich wechsle zwischen „Kopfarbeit" und „Handarbeit", das heißt z.B. zwischen Lesen und Schreiben.

☐ Ich führe regelmäßig Entspannungsübungen durch, bevor ich mich an neue Aufgaben setze.

☐ Ich mache regelmäßig Pausen.

☐ Ich sorge für ausreichenden Schlaf.

☐ Ich sorge für ausreichende Bewegung an frischer Luft.

Denken Sie immer daran: Auch die kleinste Unterbrechung ist eine Störung. Solche „Konzentrationsstörungsauslöser" sind z.B.:

→ Lärm

→ Gespräche von Kollegen, Fernseher, Radio, Computer oder Handy (eingehende E-Mails oder SMS) etc.

→ zu hohe Raumtemperatur, zu trockene Luft, zu wenig Sauerstoff

→ unzureichende Beleuchtung

→ Zeitdruck

→ Überforderung/Unterforderung

→ Angst, Konflikte, Enttäuschungen, Unlust

Wird ein Denkprozess durch unmittelbar darauf folgende Erregungen (Schreck, Ärger, Freude) gestört, so kostet es Zeit, bis das Gehirn diese Störung verarbeitet hat und Sie wieder voll konzentriert weiterarbeiten können. Vermeiden Sie also solche Störungen!

▉ Gedächtnis

Die Göttin Mnemosyne aus der griechischen Mythologie gilt als Schutzpatronin des Gedächtnisses. Nach ihr nennt man die Gedächtniskunst auch „Mnemonik", und die verschiedenen Techniken, mit denen sich das Gedächtnis trainieren lassen kann, heißen „Mnemotechniken". Aristoteles war einer der ersten Gedächtnisforscher und er schrieb bereits, dass insbesondere bildhafte Vorstellungen und Emotionen das Abspeichern von Informationen verbessern. Heute können diese Feststellungen wissenschaftlich untermauert werden. Wenn Sie also etwas für eine bessere Merkfähigkeit und Abrufbarkeit von Informationen tun wollen, beschäftigen Sie sich mit Gedächtnistechniken, bei denen es immer wieder um die Aktivierung der Vorstellungskraft geht, um eine sichere und schnelle Speicherung von Informationen zu erreichen.

Gedächtnistechniken

Hier finden Sie eine Liste der bekanntesten und bewährtesten Gedächtnistechniken:

- → ABC-Technik
- → Assoziationstechnik
- → Geschichtentechnik
- → Kettentechnik
- → Lokalisationstechnik
- → Spiegeltechnik
- → Reimtechnik
- → Steintechnik
- → Taschentechnik
- → Termintechnik
- → Uhrtechnik
- → Zahl-Merkworttechnik I
- → Zahl-Merkworttechnik II
- → Zahlworttechnik

Die Steintechnik haben Sie bereits im Kapitel „Zeitdiebe" (S. 39) kennengelernt; hier sollen nun zwei weitere Gedächtnistechniken exemplarisch genauer beschrieben werden. Weitere Informationen zu allen anderen Techniken finden Sie z. B. in Oppolzer, U.: „Verflixt, das darf ich nicht vergessen!" Bd. 3, Humboldt 2009, ISBN 978-3-86910-455-3.

Uhrtechnik – Bereits morgens unter der Dusche können Sie Ihr Gedächtnis stärken und gleichzeitig den Tag vor Ihrem geistigen Auge wie einen Film ablaufen lassen. Stellen Sie sich eine große Bahnhofsuhr vor und verknüpfen Sie fantasievoll Ihre zu erledigenden Aufgaben und Termine mit den Ziffern der Uhr. Je lustiger und „verrückter" Ihre Gedankenbilder sind, desto sicherer beginnen Sie den Tag.

Taschentechnik – Wenn Sie in einer Konferenz, einer Diskussion oder einem Vortrag keinen Stichwortzettel hervorholen wollen, probieren Sie einmal die Taschentechnick: Legen Sie sich zu Hause ein paar (ca. sieben) kleine Gegenstände zurecht (z. B. Münze, Radiergummi, Anspitzer, Streichholz, Wattebällchen, Büroklammer ...). Nun nehmen Sie z. B. die Münze in die Hand, fühlen Sie sie und stellen Sie sich Ihr erstes Stichwort, z. B. „Pausenhofgestaltung" in Verbindung mit der Münze vor. Sehen Sie vor Ihrem geistigen Auge, wie der Schulhof mit lauter Münzen bedeckt ist und die Schüler sie rasend schnell einsammeln. Dann nehmen Sie z. B. das Wattebällchen in die Hand und verbinden es in der Fantasie mit Ihrem zweiten Stichwort usw. Wenn Sie alle Schlüsselwörter mit Ihren kleinen Gegenständen gedanklich verknüpft haben, stecken sie diese in Ihre Hosen- oder Jackentasche. Bei der Konferenz, in der Diskussion oder beim Vortrag greifen Sie in Ihre Tasche und fühlen die einzelnen Gegenstände. Automatisch kommt die Erinnerung an die gesuchten Begriffe. Sie sind sicher, dass Sie nichts vergessen werden und sind voll konzentriert bei der Sache.

Namensgedächtnis

Gerade Lehrer stehen vor der großen Herausforderung, sich immer wieder viele neue Namen merken zu müssen. Je nachdem, wie viele Wochenstunden und in wie vielen verschiedenen Klassen Sie unterrichten, haben Sie in jedem Schuljahr bestimmt 100–200 oder sogar mehr (neue) Schüler. Es ist unmöglich, Daten und Fakten jedes einzelnen dieser Schüler im Kopf zu haben, und auch das Ansprechen mit dem Namen geht nicht von heute auf morgen. Damit Sie schon zu Schuljahresbeginn schnell alle Namen parat haben, ist es natürlich zum einen selbstverständlich, dass Sie für jede Klasse/jeden Fachraum einen **Sitzplan** erstellen. Jeder Schüler sollte außerdem in den ersten Wochen des Schuljahres ein **Namenskärtchen** auf seinem Platz stehen haben. Darüber hinaus ist es nützlich, sich von den Schülern einen kleinen **Steckbrief** mit Bild anfertigen zu lassen. Gerade weil diese Steckbriefe in der Regel sehr individuell ausfallen, helfen Sie Ihnen dabei, jeden einzelnen Schüler im Gedächtnis zu verankern und sich neben dem Namen auch noch ein oder zwei andere besondere Daten/Merkmale zu merken. Wenn Sie sich beim ersten Elternabend von den Eltern die Einwilligung holen, können Sie die Schüler auch einzeln fotografieren und im Computer oder auf dem Smartphone als **Namensliste mit Fotos** speichern. Das verkürzt die Kennenlernphase, spart viel Zeit des Erinnerns und Nachschauens und ist gerade bei der Notengebung hilfreich, da es immer Schüler gibt, bei denen es etwas länger dauert, bis Gesicht und Name in der Vorstellung eine Einheit bilden (weitere Tipps für ein optimales Namensgedächtnis finden Sie z. B. in Oppolzer, U.: „Super lernen", Humboldt 2010, ISBN 978-3-86910-470-6).

> **Zusammenfassung**
> Eine gute Konzentration und ein optimales Gedächtnis sorgen für ein effektives Arbeiten. Texte können schneller gelesen und Aufgaben schneller gelöst werden; Informationen werden optimal gefestigt, müssen nicht so häufig wiederholt werden und können damit später problemlos wieder abgerufen werden.

18. Lesetechniken und Informationsmanagement

„Es ist ein großer Unterschied, ob ich lese zu Genuss und Belebung oder zu Erkenntnis und Belehrung." (Johann Wolfgang von Goethe)

Lehrer werden täglich überflutet mit Informationen, sei es per Mail oder in Papierform, und zwar sowohl von Kollegen und der Schulleitung als auch von Verlagen, Behörden etc. Wie können Sie am zeitsparendsten damit umgehen?

◼ Lesetechniken

Wenn Sie immer auf dem aktuellen Wissensstand sein wollen, müssen Sie die Infos erst einmal lesen, um festzustellen, ob sie Ihnen etwas Neues bringen oder nicht, und das kostet viel Zeit, ganz besonders wenn Sie noch so lesen wie früher und kein Schnelllesetraining absolviert haben. Langsame Leser können mit einem Blick nur wenig erfassen. Um wesentlich schneller lesen zu können, ist es notwendig, mit einem Blick möglichst viel wahrzunehmen. Stellen Sie mit der folgenden Übung Ihre Blickspannweite fest. Schauen Sie auf die Mittellinie und beginnen Sie beim obersten Buchstabenpaar. Wandern Sie dann mit Ihrem Blick die Zeilen entlang der Mittellinie weiter nach unten. Bis zu welcher Zeile nehmen Sie noch beide Buchstaben wahr?

Quelle: Eigene Darstellung nach Graichen, W. U. und Seiwert, L. J.: „Das ABC der Arbeitsfreude", Gabal 1999, S. 34

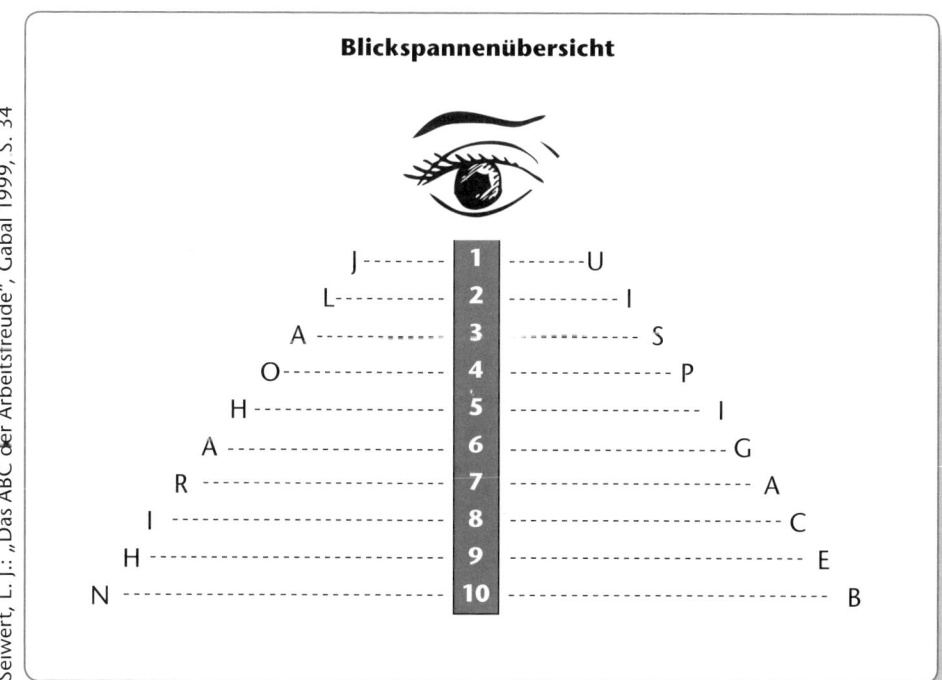

Blickspannenübersicht

Zeile	links	rechts
1	J	U
2	L	I
3	A	S
4	O	P
5	H	I
6	A	G
7	R	A
8	I	C
9	H	E
10	N	B

Ohne Training können Sie normalerweise zwischen 200 und 250 Wörter pro Minute lesen, mit Training sind es jedoch 400 bis 500 Wörter.

„Man muss erst lesen, um zu wissen, was sich nicht zu lesen lohnt!"

Mit dem Schnelllesen filtern Sie wichtigen Lesestoff heraus. Wenn Sie jedoch schnell lesen, aber anschließend nichts davon verstanden bzw. gespeichert haben und wieder von vorn anfangen müssen, sparen Sie keine Zeit. Die Ursache hierfür liegt in Ihrer Unkonzentriertheit – daher ist es wichtig, bereits vor dem Schnelllesetraining hier Abhilfe zu schaffen (siehe Kapitel „Konzentration und Gedächtnis", S. 92).

Überprüfen Sie Ihr Leseverhalten und kreuzen Sie in der folgenden Checkliste an, was für Sie bereits zutrifft.

Checkliste 14 – Optimiertes Lesen spart viel Zeit!

Vor dem richtigen Lesen:

☐ Ich stelle mir vor Lesebeginn drei Fragen:
- → Was weiß ich bereits über das Thema?
- → Welchen Nutzen bringt mir das Lesen dieses Textes/Buches?

Wie sehr interessiert mich das Thema?

☐ Ich entscheide mich konsequent, einige Texte und Bücher nicht zu lesen.

☐ Ich überfliege einen Text zunächst, um zu erkennen, ob der Text für mich wichtige Informationen enthält.

☐ Ich verschaffe mir bei einem Buch zunächst einen Überblick (Inhaltsverzeichnis, Klappentext, Vorwort etc.).

☐ Ich überfliege den Text und betrachte Bilder und Grafiken.

☐ Ich frage Kollegen, ob sie den Text oder das Buch gelesen haben, und lasse mir in diesem Fall eine kleine Zusammenfassung geben.

Beim Schnell-Lesen:

☐ Ich lese schnell, damit ich mich voll konzentrieren muss.

☐ Ich spreche die einzelnen Wörter nicht mit, weder laut noch in Gedanken.

☐ Ich lese mit Augensprüngen, d.h. ich nehme nicht jedes Wort bewusst wahr, sondern überspringe Wörter, und ich springe auch nicht einige Wörter oder Sätze zurück, weil ich nicht sofort beim Lesen alles verstanden habe. Mein Gehirn erfasst den Sinn meistens nach dem Lesen des ganzen Textes.

☐ Ich fixiere Schlüsselwörter mit den Augen, um sie mir besser einzuprägen.

☐ Ich lasse meinen Zeigefinger über jede dritte Zeile schnell von links nach rechts gleiten. Mein Gehirn erfasst reflexartig alle drei Zeilen.

☐ Ich ziehe beim Trainieren des Schnelllesens zunächst drei, später zwei senkrechte Linien in den Text. So fällt es mir immer leichter, nicht jedes Wort, sondern in Augensprüngen zu lesen.

☐ Ich trainiere regelmäßig, meine Blickspanne zu erweitern.

Beim einprägenden Lesen:

☐ Wichtige Begriffe oder Sätze markiere ich mit einem Textmarker.

☐ Wichtige Passagen lese ich noch einmal laut.

☐ Bei wichtigen Textstellen mache ich große Ausrufezeichen an den Rand und ergänze ggf. Notizen, Skizzen oder Mindmaps zur besseren Speicherung.

☐ Wichtige Textstellen, zu denen ich recherchieren will, versehe ich mit einem Fragezeichen.

☐ Ich lege nach ca. 20 Minuten Pausen für die Augengymnastik ein: Augen 20 bis 30 Sekunden entspannt schließen – Augen öffnen und mehrfach im Wechsel ca. 10 Sekunden in die Ferne schauen und ca. 3 Sekunden einen nahen Punkt, z. B. Buch oder Schreibtisch, fixieren.

Nach dem Lesen:

☐ Wichtige Fakten und Daten, die ich im Text markiert habe, schreibe ich auf Merkkärtchen oder in den Computer; ggf. entwerfe ich dafür Tabellen oder Diagramme.

☐ Wichtige Abschnitte fasse ich mit eigenen Worten zusammen und spreche sie, wenn möglich, ins Diktiergerät.

☐ Ich recherchiere weitere Informationen zu den Stellen, die ich mit einem Fragezeichen versehen habe.

☐ Ich stelle mir bei wichtigen Texten in Gedanken die bedeutenden Informationen, die ich gelesen habe, noch einmal vor.

☐ Ich stelle mir vor, wie ich die Informationen meinen Schülern vermitteln werde.

Tipp: Hilfreiche Literatur:

→ Buzan, T.: „Speed-Reading: Schneller lesen – mehr verstehen – besser behalten", Moderne Verlagsgesellschaft 2013, ISBN 978-3-86882-438-4

→ Backwinkel, H.; Sturtz, P.: „Schneller lesen – Zeit sparen, das Wesentliche erfassen", Haufe-Lexware 2009, ISBN 978-3-448-09409-1

→ Müller, F.: „Lesetraining: Lern-und Arbeitstechniken in den Klassen 7–10", Bd. 4, Beltz 2010, ISBN 978-3-407-62737-7

◼ Informationen besser managen

Damit Sie die vielen Mails, Briefe usw. zeitsparend managen, sollten Sie sie nicht immer sofort nach Eingang während einer anderen Tätigkeit, z.B. während der Unterrichtsvorbereitung, lesen, sondern nur einmal am Tag oder sogar nur 2- bis 3-mal pro Woche.

Machen Sie feste Termine für diese regelmäßigen Info-Checks, vielleicht jeweils direkt nach dem Mittagsschläfchen, sozusagen zum Warmlaufen des Gehirns, bevor Sie mit der Unterrichtsvorbereitung bzw. dem Korrigieren beginnen.

Wenn Sie nur einen Termin pro Woche dafür freihalten, müssen Sie damit rechnen, dass Kollegen, Eltern oder die Schulleitung Sie zu bestimmten Infos ansprechen und Sie dann nicht wissen, worum es geht.

Nehmen Sie das Informationsmaterial am besten nur einmal in die Hand und entscheiden Sie sofort:

→ entsorgen,

→ an einen entsprechenden Fachkollegen weiterreichen oder

→ im Ordner „Informationsmaterial" abheften, den Sie dann nach Lust und Zeit noch einmal intensiver durchforsten

Zusammenfassung

Wenn Sie das Lesen von Texten und Büchern optimieren und unterscheiden zwischen „Schnelllesen" und „einprägendem Lesen", sparen Sie viel Zeit. Um die Lesegeschwindigkeit zu erhöhen, ist ein regelmäßiges Training der Schnelllesetechniken, wie z.B. das Trainieren der Blickspannweite, unerlässlich.

Beim „einprägsamen Lesen" sollte immer ein Textmarker parat liegen und eventuell ein Diktiergerät, um später – vielleicht entspannt auf der Couch liegend – wichtige Infos noch einmal abhören zu können.

Um Informationen zeitsparend zu managen, sollten feste Termine eingeplant werden, an denen gesichtet wird, was wichtig ist und was sofort entsorgt werden kann.

19. Grundlagen für eine erfolgreiche Kommunikation

„Nicht Sieg sollte der Zweck der Diskussion sein, sondern Gewinn." *(Joseph Joubert)*

Sicherlich kennen Sie das Gefühl, mal wieder endlos „im Kreis diskutiert" zu haben, ohne dass etwas dabei herausgekommen ist, oder durch Missverständnisse wertvolle Zeit verloren zu haben. Wenn Sie jedoch die folgenden Erkenntnisse der Kommunikationspsychologie berücksichtigen, können Sie zukünftig im Gespräch mit Eltern, Schülern, Kollegen oder auch der Schulleitung die Situation schneller analysieren, entsprechend auf Ihren Gesprächspartner eingehen und das Gespräch leichter zurück auf die Sachebene, also auf die richtige Bahn führen bzw. es darauf halten – und zwar ganz ohne Zeitverschwendung.

Die wichtigsten Erkenntnisse der Kommunikationspsychologie:
→ Man kann nicht nicht kommunizieren.
→ Jedes Verhalten, jede Geste, jede Mimik, jedes Wort, jeder Tonfall und jedes Schweigen ist eine Nachricht.
→ Ich gebe mit allem, was ich sage oder tue, etwas von mir preis, und zwar sowohl absichtlich als auch unabsichtlich – viele Botschaften, die der Sender übermittelt, sind ihm gar nicht bewusst.
→ Ich zeige mit jeder Nachricht, wie ich zu dem anderen stehe, ob ich ihn mag oder nicht mag.
→ Es gibt immer einen Sender und einen Empfänger

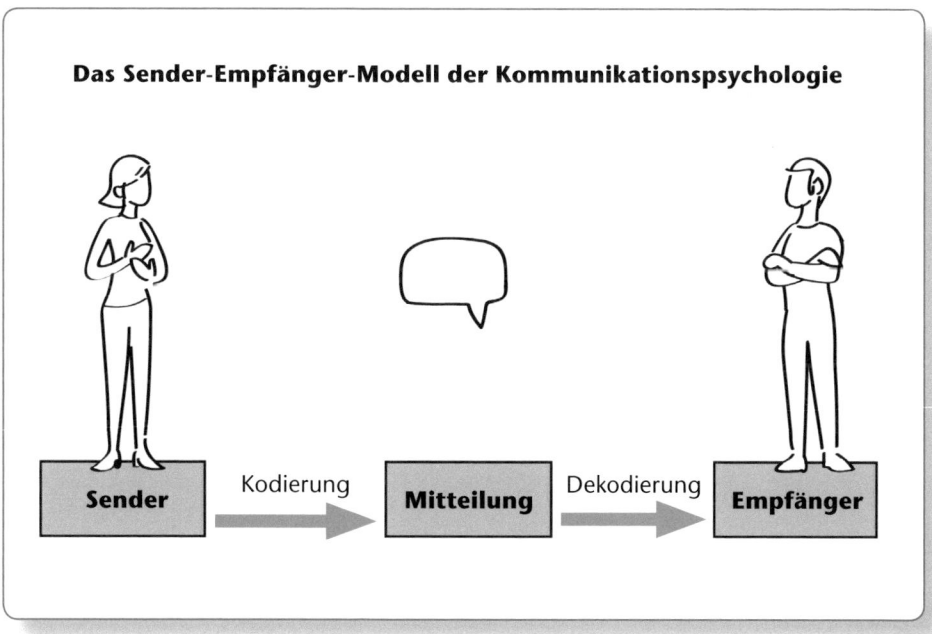

Das Sender-Empfänger-Modell der Kommunikationspsychologie

Sender → Kodierung → Mitteilung → Dekodierung → Empfänger

→ Der Sender versucht, dem Empfänger eine Nachricht zu senden – mit seinem persönlichen Code, den der Empfänger erst „entschlüsseln" muss, was besonders in angespannten Situationen oft nicht funktioniert und großes Potenzial für Missverständnisse birgt.

→ Bei der Entschlüsselung vieler Botschaften, die der Empfänger registriert, ergeben sich verzerrte oder falsche Mitteilungen aufgrund der immer mitschwingenden Gefühle und der unterbewussten Vorgänge des Empfängers – dem Empfänger ist oft nicht bewusst, welche Einflüsse bei der Entschlüsselung zu der entstandenen Nachricht beigetragen haben.

→ Verdeckte Vorwürfe in der Nachricht irritieren den Empfänger und können zu Konflikten führen. Die verdeckte Kritik wird vom Empfänger zwar wahrgenommen, kann jedoch kaum zu einer bewussten Reaktion führen, wenn sie unausgesprochen bleibt. Es kommt zu Abwehrhaltungen und zu Trotz.

→ Auch harmlose Nachrichten können beim Empfänger u. U. unangenehme Gedankenverbindungen und Erinnerungen auslösen und so zu einem nicht gewollten und nicht vorhersehbaren Konflikt führen.

→ Die Übermittlung der Nachricht von Sender zu Empfänger kann nicht nur durch Gefühle und unbewusste Vorgänge der beiden Personen beeinflusst werden; die Kommunikation ist auch immer von äußeren Faktoren bedroht: Störungen können z. B. durch Lärm oder durch die indirekte Kommunikation über Medien (Telefon, Textnachricht etc.) entstehen. Dann kann es bspw. passieren, dass der Sender eine Nachricht wohlmeinend sachlich abschickt, der Empfänger sie aber falsch aufnimmt und unsachlich, ärgerlich oder traurig reagiert.

Wichtig ist also, dass Sie sich bewusst machen, dass Kommunikation immer auf verschiedenen Ebenen stattfindet: Jede Nachricht enthält einen Sachinhalt und einen Gefühlsinhalt. Man unterscheidet also eine Inhaltsebene und eine Beziehungsebene. Nach Friedemann Schulz von Thun gibt es sogar vier Gesprächsebenen: Sachebene, Beziehungsebene, Appellebene und Selbstoffenbarungsebene. Neben dem sachlichen Inhalt (Sachebene) stecken in einer Nachricht also immer auch Botschaften, wie ich zu meinem Kommunikationspartner stehe (Beziehungsebene), was ich von ihm möchte (Appellebene) und wie ich mich fühle (Selbstoffenbarungsebene). Bildlich gesprochen hört ein Empfänger also mit vier verschiedenen Ohren: dem Sachohr, dem Beziehungsohr, dem Appellohr und dem Selbstoffenbahrungsohr.

Je nachdem, wie wir uns in einem Gespräch, in der Situation fühlen, was wir gerade erlebt und welche Erfahrungen wir gemacht haben, kann es vorkommen, dass einer unserer vier Gehörgänge verstopft ist – vielleicht hören wir dann bspw. viel mehr mit dem Beziehungsohr oder dem Appellohr statt mit

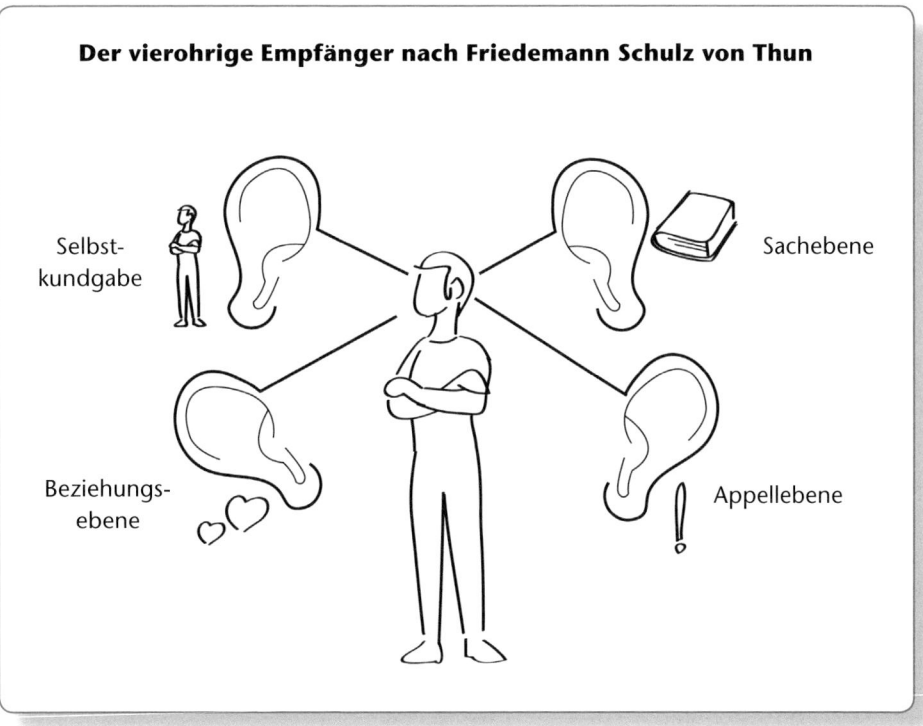

Der vierohrige Empfänger nach Friedemann Schulz von Thun

Selbst-
kundgabe

Sachebene

Beziehungs-
ebene

Appellebene

dem Sachohr. Das bedeutet z. B., je unwohler sich jemand in einer Situation fühlt und je geringer sein Selbstwertgefühl ist, desto weiter sind bei ihm das Appellohr und das Beziehungsohr geöffnet. Wenn es jemandem sehr, sehr wichtig ist, was andere von ihm halten, also ob man ihn mag und schätzt oder nicht, desto weniger hört er die sachliche Informationen. Er achtet viel stärker auf den Beziehungsaspekt. Auch jemand, der sich unter Leistungs- und/oder Zeitdruck fühlt, ist viel weniger in der Lage, auf den Sachinhalt einer Botschaft zu reagieren. Er öffnet sein Appellohr und hört weitgehend nur Aufforderungen. Sind Sie jedoch ein glücklicher, ausgeruhter und mit sich und der Welt zufriedener Mensch, fällt es Ihnen leicht, auf die Bedürfnisse anderer einzugehen: Sie können Ihr Ohr für die Selbstoffenbarungen des anderen weit öffnen und richtig zuhören.

Mit diesen Grundlagen der Kommunikationspsychologie im Hinterkopf wird es Ihnen zukünftig sicherlich leichter fallen, auf Ihre Gesprächspartner besser einzugehen und Stolperfallen beim Kommunizieren auszuweichen. So sparen Sie sich und Ihren Kommunikationspartnern Ärger und vor allem Zeit!

Tipp: Wenn Sie noch mehr über (effektive) Kommunikation erfahren möchten, lesen Sie folgende Bücher:

→ „Miteinander reden I und II" von Friedemann Schulz von Thun

→ „Anleitung zum Unglücklichsein" von Paul Watzlawick

→ „Ich bin okay, du bist okay" von Thomas A. Harris

In jedem Fall sollten Sie stets folgende Regel beherzigen: In Gesprächen und Diskussionen immer Mensch und Meinung voneinander trennen!

Zusammenfassung

Wer zielgerichtet und effektiv kommunizieren will, sollte versuchen, sich in seinen Gesprächspartner hineinzudenken, also zu ergründen, was er und wie er die Nachrichten empfängt. In diesem Sinne ist es sehr hilfreich, ein Problem auch mal aus der Sicht des anderen zu betrachten. Die Kommunikationspsychologie liefert uns hilfreiche Erkenntnisse und Modelle, die es uns erleichtern, Gespräche – sei es in der Schule oder im Alltag – auf direktem Wege ohne Störungen zum Ziel, nämlich zu einem konstruktiven Abschluss, zu führen. Es lohnt sich daher sehr, sich damit genauer zu beschäftigen!

20. Effektive Besprechungen und Konferenzen

„Eine Konferenz ist eine Sitzung, bei der viele hineingehen und wenig herauskommt." (Werner Finck, Kabarettist)

Wenn Sie diese provokante Aussage Werner Fincks widerlegen und dafür sorgen wollen, dass bei Ihren Besprechungen und Konferenzen zukünftig möglichst viel herauskommt, und das idealerweise in möglichst kurzer Zeit, kann Ihnen die folgende Checkliste helfen. Gehen Sie sie einmal durch und kreuzen Sie an, was Sie bei Besprechungen bereits beherzigen. So werden Sie schnell erkennen, ob und wo es noch Verbesserungsbedarf gibt, um die Zufriedenheit der Beteiligten und den Erfolg der Besprechung/Konferenz zu gewährleisten.

Checkliste 15 – Zutaten für erfolgreiche Besprechungen und Konferenzen

☐ Ich bin gut vorbereitet.

☐ Ich bin gelassen und selbstbewusst.

☐ Ich habe den anderen Teilnehmern schon ein paar Tage vorher Informationsmaterial bereitgestellt.

☐ Ich sorge für eine gute Gesprächsatmosphäre, z.B. durch ein paar einleitende, auflockernde Worte.

☐ Ich gebe einen Überblick: Thema, Ziel, Verlauf.

☐ Ich lege das Ende der Besprechung fest.

☐ Ich stelle fest, wer das Protokoll führt.

☐ Ich visualisiere mein Thema.

☐ Ich komme schnell auf den Punkt.

☐ Ich analysiere das Problem (die Probleme) und entwickle Lösungsideen.

☐ Ich kann Einwänden jederzeit begegnen und signalisiere Verständnis für unterschiedliche Meinungen.

☐ Ich beziehe alle Kollegen aktiv in die Arbeit mit ein.

☐ Um ein Meinungsbild zu ermitteln, habe ich Moderationskarten und/ oder Klebepunkte dabei.

☐ Ich halte die zu Beginn vereinbarte Zeit ein.

☐ Ich fasse die Ergebnisse zusammen und mache deutlich, welche Aufgaben sich daraus für wen bis wann ergeben.

Tipp: Es gibt verschiedene Möglichkeiten, Besprechungsprotokolle schnell und unkompliziert vorzubereiten und zu erstellen; digitale Vorlagen finden Sie bspw. bei Microsoft Word® oder auch Excel®.

Zusammenfassung

Konferenzen und Besprechungen verlaufen für alle Teilnehmer zufriedenstellend, wenn der Moderator gut vorbereitet ist und die Kollegen konstruktiv mitmachen. Dazu ist es wichtig, bestimmte Regeln zu beachten, wie z.B. eine angenehme Gesprächsatmosphäre zu schaffen, zu Beginn einen Überblick zu geben, die Kollegen aktiv mit einzubeziehen oder die notwendige Zeit anzugeben und auch einzuhalten.

21. Kurze, zielführende Gespräche

„Wer klug ist, wird im Gespräch weniger an das denken, worüber er spricht, als an den, mit dem er spricht. Sobald er dies tut, ist er sicher, nichts zu sagen, das er nachher bereut." (Arthur Schopenhauer)

■ Grundlegende Hilfen

Sie müssen als Lehrer ständig kommunizieren, mit Schülern, Eltern, Kollegen, der Schulleitung usw. Oft sind Sie sicher mit dem Ergebnis zufrieden, aber manchmal läuft bestimmt auch etwas schief. Ein Gespräch eskaliert oder führt nicht zu dem Ergebnis, das Sie sich gewünscht haben, und Sie überlegen, woran es wohl gelegen haben könnte. Gehen Sie einmal die folgende Checkliste durch und kreuzen Sie an, welche Punkte Sie in Gesprächen bereits regelmäßig beachten. So sehen Sie schnell, woran Sie noch arbeiten können.

Checkliste 16 – Wie verhalte ich mich in einem Gespräch?

☐ Ich schaffe eine vertrauensvolle Atmosphäre der Achtung und Wertschätzung.

☐ Meine volle Konzentration gilt meinem Gesprächspartner.

☐ Ich wende mich meinem Gesprächspartner zu.

☐ Ich höre aktiv zu, das bedeutet, ich gebe zwischendurch nonverbale Signale, z. B. Kopfnicken, um meinem Gesprächspartner meine Aufmerksamkeit zu verdeutlichen.

☐ Meine Mimik, Gestik und Haltung verdeutlichen mein Interesse.

☐ Ich versuche, mich in meinen Gesprächspartner bzw. in seine Situation hineinzuversetzen.

☐ Ich fasse die Aussagen des Gesprächspartners mit eigenen Worten zusammen, um festzustellen, ob ich ihn richtig verstanden habe.

☐ Ich stelle Fragen zum Verständnis.

☐ Ich gebe dem Gesprächspartner nicht das Gefühl, ausgefragt zu werden.

☐ Ich gebe dem Gesprächspartner nicht das Gefühl, dass seine Aussagen falsch oder unwichtig sind.

☐ Ich signalisiere Verständnis für die Situation des Gesprächspartners.

☐ Ich kritisiere weder meinen Gesprächspartner noch sein Verhalten.

☐ Ich spreche in der „Ich-Form" und benutze nicht das Wörtchen „man".

☐ Ich kann Gefühle direkt ansprechen, meine und die des Gesprächspartners.

☐ Ich vermeide es, zu viel von mir zu reden.

☐ Ich gebe keine Ratschläge, sondern nur Anregungen und kehre nicht den allwissenden Lehrer hervor.

☐ Ich denke laut über Lösungsmöglichkeiten nach und gebe meinem Gesprächspartner, wenn möglich, das Gefühl, dass er sich für die beste Lösung entschieden hat.

☐ Ist der Gesprächspartner nicht bereit, meine Anregungen aufzugreifen, ermögliche ich ihm und mir dennoch einen konstruktiven, positiven Gesprächsabschluss.

☐ Ich beende das Gespräch mit persönlichen Worten.

> **Tipp:** Führen Sie schwierige Gespräche nicht im Stehen irgendwo auf dem Flur sozusagen zwischen Tür und Angel, sondern in einer möglichst einladenden Atmosphäre im Sitzen. Geben Sie Ihrem Gesprächspartner immer das Gefühl, dass er im Moment der wichtigste Mensch ist, dass Sie sich Zeit nehmen und sich voll auf das Gespräch konzentrieren.

Fragetechnik

Um Gespräche effektiv, also zielführend und zeitsparend führen zu können, ist es wichtig, die richtigen Fragen zu stellen.

Stellen Sie vorrangig **offene Fragen** und vermeiden Sie geschlossene Fragen, auf die Ihr Gesprächspartner nur mit „ja" oder „nein" antworten kann. Sie erfahren dabei nichts über Stimmung, Einstellung und Ziel Ihres Gesprächspartners. Ist Ihr Gesprächspartner allerdings ein Vielredner, so können Sie ihn mit einer geschlossenen Frage stoppen und zum eigentlichen Thema zurückführen. Stellen Sie eine geschlossene Auswahlfrage, wie z. B.: „Möchten Sie am Dienstagvormittag zwischen 11.30 und 12.15 Uhr oder am Donnerstag um 13.30 Uhr zu einem Gespräch in die Schule kommen?", scheint Ihr Gesprächspartner nur die Wahl zwischen zwei Möglichkeiten zu haben. Verwenden Sie **möglichst keine Alternativfragen** und versuchen Sie, ihren Gesprächspartner weniger einzuschränken und ihm das Gefühl zu geben, mehr mitbestimmen zu können, z. B. so: „Ich habe am Dienstag und am Donnerstag jeweils Freistunden. Ist Ihnen ein Gespräch an einem dieser Tage möglich?"
Mit einer **Gegenfrage**, wie z. B. „Wie haben Sie das gemeint?", erhalten Sie genauere Informationen und Sie bekommen Zeit, sich eine entsprechende Antwort zu überlegen.
Wenn Sie Ihren Gesprächspartner ermuntern wollen, sich zu öffnen, und die Atmosphäre verbessern möchten, stellen Sie eine **Motivationsfrage**, in der Sie signalisieren, dass Sie Ihren Gesprächspartner ernst nehmen, z.B.: „Was sagen Sie als erfahrener Vater von vier Kindern zu diesem Problem?" oder „Was sagst du als super Teamplayer im Fußball dazu?"

Wollen Sie den Standpunkt Ihres Gesprächspartners herausfinden oder sich in Ihrer Meinung bestätigen lassen, so stellen Sie eine **Kontrollfrage** (diese können durchaus geschlossen sein), z. B.: „Sind Sie auch der Ansicht, dass Ihr Sohn von einem gezielten Konzentrationstraining sehr profitieren würde?" Mit einer Kontrollfrage überprüfen Sie gleichzeitig, ob Ihr Gesprächspartner Ihnen richtig zugehört hat.

Wollen Sie auf eine bestimmte, Ihnen sehr wichtige Frage ein „Ja" **erzielen**, bereiten Sie sich gut vor. Überlegen Sie sich mindestens drei Fragen, auf die Sie ganz sicher ein „Ja" erhalten werden. Stellen Sie diese drei Fragen direkt hintereinander und die Wahrscheinlichkeit, dass die nächste, ihnen so wichtige Frage auch mit „Ja" beantwortet wird, ist groß.

Gesprächsvorbereitung

Wenn Sie wichtige Gespräche gut vorbereiten, dann haben beide Gesprächspartner einen Nutzen davon:

Vorteile einer guten Gesprächsvorbereitung
→ Beide Gesprächspartner sparen Zeit.
→ Sie erscheinen als kompetenter, engagierter Gesprächspartner, da Sie alle notwendigen Daten und Fakten parat haben.
→ Sie gehen sicher und selbstbewusst in das Gespräch, da Sie sich bereits vorher in die Situation Ihres Gesprächspartners hineinversetzt und mögliche Einwände durchdacht haben und nun im Gespräch ganz gelassen reagieren können.
→ Ihr Gesprächspartner fühlt sich ernst genommen und ist damit eher bereit, auf Ihre Vorschläge einzugehen.
→ Sie sind erfolgreich, weil Sie sich vorher ein Ziel gesetzt und den Gesprächsverlauf geplant haben und bewusst steuern können.

Damit Ihre Gespräche gut vorbereitet sind, beantworten Sie sich jedes Mal vorab die folgenden Leitfragen:

Leitfragen für eine gute Gesprächsvorbereitung
→ Wann und wo findet das Gespräch statt?
→ Was will ich mit dem Gespräch erreichen?
→ Welche Informationen oder Unterlagen brauche ich für das Gespräch?
→ Wie beginne ich das Gespräch?
→ Wie schaffe ich eine angenehme, verständnisvolle Atmosphäre?
→ Welche positiven und/oder negativen Punkte will ich in welcher Reihenfolge ansprechen?

→ Welche Probleme gilt es, zu lösen?

→ Welche Argumente habe ich?

→ Mit welchen Einwänden muss ich rechnen und wie kann ich auf diese reagieren?

→ Wie gehe ich mit aggressiven Äußerungen um?

→ Wie beende ich das Gespräch konstruktiv und positiv?

Machen Sie sich in der Vorbereitung Gedanken darüber, welche Einflussfaktoren auf das Gespräch wirken, und überlegen Sie sich, wie Sie negative Einflüsse hemmen und positive nutzen können.

Einflussfaktoren auf ein Gespräch

→ räumliche Verhältnisse

→ Zeitpunkt des Gespräches

→ Persönlichkeit und Ausstrahlung der Gesprächspartner

→ Erfahrungen von früheren Gesprächen

→ Status und soziale Rolle der Gesprächspartner

→ Vorurteile

→ Alter und Geschlecht der Gesprächspartner

→ momentane Verfassung der Gesprächspartner
   (gelassen, aufgeregt, besorgt ...)

Halten Sie sich immer wieder vor Augen, dass jeder Mensch anders ist. Der eine redet viel – manchmal zu viel –, der andere schweigt permanent und ist schwer zum Reden zu bringen. Menschen sind impulsiv, temperamentvoll, ungeduldig oder ruhig und bedacht. Stellen Sie sich, wenn möglich, schon in der Vorbereitung auf die „Eigenarten" Ihres Gesprächspartners ein!

In der Regel möchten Sie in Gesprächen Ihrem Gegenüber etwas „verkaufen", nämlich Ihre Einstellung/Meinung, Ihren Vorschlag oder auch Ihre Hilfe. Dieser „Verkauf" gelingt nur, wenn Sie auf den anderen Menschen eingehen und ihm das Gefühl geben, dass er an- und ernst genommen wird. Wenn Sie nicht in der Lage sind, eine positive Atmosphäre herzustellen, sollten Sie das Gespräch lieber auf einen späteren Zeitpunkt verschieben oder, wenn es möglich ist, einen Kollegen bitten, das Gespräch zu führen bzw. zu moderieren, damit es einen konstruktiven Verlauf nimmt und das angestrebte Ziel erreicht wird.

Aktives Zuhören

„In der Musik des Gesprächs dient die Aufmerksamkeit des Hörers als Begleitung."
(Joseph Joubert)

Sie haben in der Checkliste 16 bereits gelesen, dass es wichtig ist, seinem Gegenüber „aktiv zuzuhören". Aber was können Sie dafür tun? Gehen Sie die folgende Checkliste durch und fragen Sie sich, welche Punkte Sie bisher in Gesprächen bewusst beachtet haben und welche noch nicht.

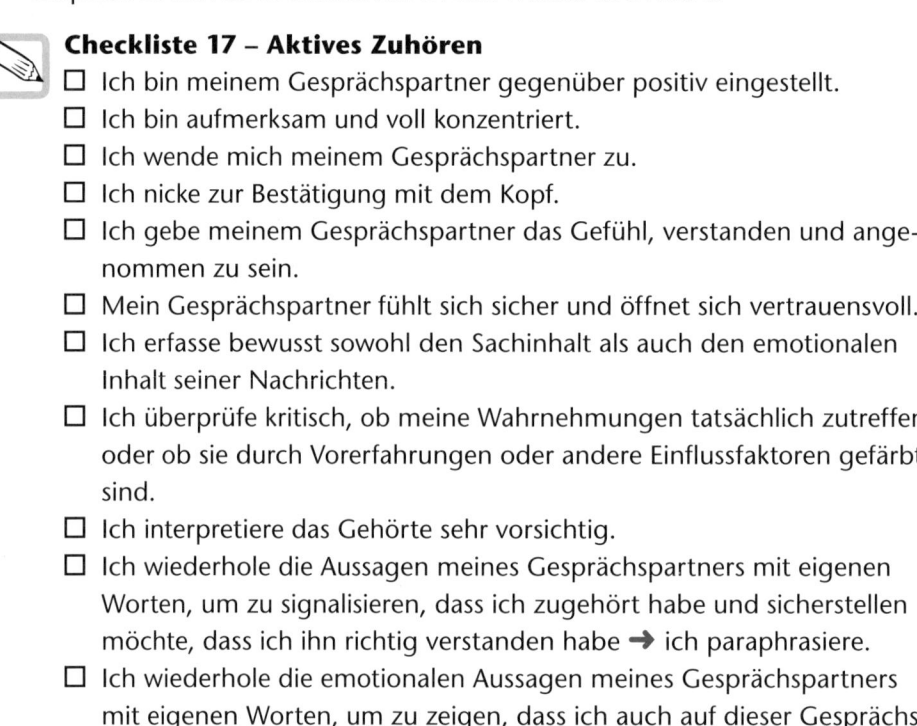

Checkliste 17 – Aktives Zuhören

- ☐ Ich bin meinem Gesprächspartner gegenüber positiv eingestellt.
- ☐ Ich bin aufmerksam und voll konzentriert.
- ☐ Ich wende mich meinem Gesprächspartner zu.
- ☐ Ich nicke zur Bestätigung mit dem Kopf.
- ☐ Ich gebe meinem Gesprächspartner das Gefühl, verstanden und angenommen zu sein.
- ☐ Mein Gesprächspartner fühlt sich sicher und öffnet sich vertrauensvoll.
- ☐ Ich erfasse bewusst sowohl den Sachinhalt als auch den emotionalen Inhalt seiner Nachrichten.
- ☐ Ich überprüfe kritisch, ob meine Wahrnehmungen tatsächlich zutreffen oder ob sie durch Vorerfahrungen oder andere Einflussfaktoren gefärbt sind.
- ☐ Ich interpretiere das Gehörte sehr vorsichtig.
- ☐ Ich wiederhole die Aussagen meines Gesprächspartners mit eigenen Worten, um zu signalisieren, dass ich zugehört habe und sicherstellen möchte, dass ich ihn richtig verstanden habe ➜ ich paraphrasiere.
- ☐ Ich wiederhole die emotionalen Aussagen meines Gesprächspartners mit eigenen Worten, um zu zeigen, dass ich auch auf dieser Gesprächsebene aufmerksam bin ➜ ich verbalisiere.

„Ich-Botschaften" und „Sie-/Du-Botschaften"

Entscheidend für eine erfolgreiche Gesprächsführung ist es auch, „Ich-Botschaften" zu verwenden und „Sie-/Du-Botschaften" möglichst zu vermeiden. Bei einer „Sie-Botschaft", wie z.B.: „Sie sollten mehr darauf achten, dass ihr Kind sich an Regeln und Absprachen hält!", „Sie sollten Ihrem Kind mehr Zeit schenken!" oder „Sie sollten regelmäßig in das Hausaufgabenheft Ihres Kindes schauen!", oder bei einer „Du-Botschaft", wie z.B.: „Du musst mehr lernen und immer deine Hausaufgaben machen!" oder „Du musst im Unterricht besser aufpassen!", fühlt sich Ihr Gesprächspartner schnell bevormundet und beschuldigt und damit unwohl. Außerdem versteht er die Sache so, dass es sich um ein Problem handelt, das Sie mit ihm haben, und nicht er selbst. Durch eine „Ich-Botschaft" hingegen erreichen Sie, dass Ihr Gesprächspartner erkennt, dass es sich um ein Problem handelt, das beide betrifft.

Insbesondere in Gesprächen mit Schülern kommt es sehr auf die Botschaft an – Aussagen wie „Jetzt sei endlich still und pass auf!" oder „Na, du Faulpelz, hast du deine Hausaufgaben wieder nicht gemacht?" helfen weder Ihnen noch Ihrem Schützling weiter. Gerade im Lehrer-Schüler-Verhältnis ist es wichtig, gegenseitig Achtung zu zeigen. Vermeiden Sie jegliche Beschuldigungen, Verurteilungen, Beschimpfungen, Befehle und auch indirekte Botschaften sowie Sarkasmus oder Untertreibungen.

Dazu gehört auch, in Gesprächen negative Formulierungen zu vermeiden. In einer positiven Atmosphäre entspannt sich ihr Gesprächspartner, hört besser zu und ist eher bereit, auf Ihre Anregungen einzugehen und Ihnen zuzustimmen.

Beispiele:

Statt „Die Leistungen Ihrer Tochter sind nicht schlecht" lieber positiv formulieren: „Die Leistungen Ihrer Tochter sind schon recht gut."

Statt „Ihr Sohn hat in Mathematik keine Probleme" lieber „Ihr Sohn kommt in Mathematik sehr gut zurecht."

Statt „Ich habe am Verhalten Ihres Sohnes nichts auszusetzen" lieber „Das Verhalten Ihres Sohnes ist lobenswert."

■ Kurz und zielorientiert mit Eltern telefonieren

Gerade Elterngespräche finden häufig am Telefon statt. Telefongespräche sind immer eine besondere Herausforderung, denn dieses Medium erschwert die Kommunikation, vor allem weil Sie weder Mimik noch Gestik wahrnehmen und deuten können, sondern allein auf die Stimme angewiesen sind. Und denken Sie daran: Auch Ihr Gesprächspartner kann Ihre Nachrichten schwieriger entschlüsseln! Wenn die Eltern nicht auf einem Elternabend waren und Sie sie daher noch nicht persönlich kennen, sollten Sie möglichst kein schwieriges Gespräch am Telefon führen, sondern sie bitten, in Ihre Sprechstunde zu kommen oder mit Ihnen einen anderen Gesprächstermin vereinbaren.

Die folgende Checkliste hilft Ihnen, zu überprüfen, ob Sie auch am Telefon zielführend und zeitsparend Gespräche führen können – ganz gleich, ob Sie angerufen werden oder selbst die Initiative ergreifen. Berücksichtigen Sie bereits alle Punkte oder gibt es noch Verbesserungsmöglichkeiten?

Checkliste 18 – Effektive Telefonate

☐ Ich habe immer alle Telefonnummern von Eltern und Kollegen parat.

☐ Ich habe für Elterngespräche feste Telefonzeiten vereinbart.

☐ Meine Telefonzeiten liegen in meiner leistungsschwachen Zeit.

☐ Ich plane meine Telefonate/bereite sie gut vor.

☐ Ich habe für jedes Telefongespräch ein klares Ziel.

☐ Ich bin mit der Gesamtsituation vertraut und habe alle notwendigen Informationen recherchiert (von Kollegen, vom Jugendamt usw.).

☐ Ich schreibe vorher die wichtigen Stichpunkte auf.

☐ Ich habe mir vorher überlegt, welche Argumente mein Gesprächspartner eventuell vorbringen wird und wie ich darauf reagiere.

☐ Ich komme nach einer freundlichen Begrüßung immer sofort auf den Punkt.

☐ Ich fasse mich so kurz wie möglich und schweife nicht vom Thema ab.

☐ Ich lasse meinen Gesprächspartner immer aussprechen.

☐ Ich höre meinem Gesprächspartner aktiv zu, indem ich ihm immer wieder mitteile, wie ich seine Worte verstanden habe („Verstehe ich Sie richtig, dass Sie …?", „Sie meinen also, dass …?").

☐ Ich zeige Verständnis für die Argumente des Gesprächspartners („Ich kann Ihren Unmut über diesen Vorfall sehr gut nachvollziehen").

☐ Ich mache deutlich, dass Eltern und Lehrer am gleichen Strang ziehen („Sie und ich verfolgen doch im Grunde das gleiche Ziel. Wir wollen beide, dass …").

☐ Ich gebe keine bevormundenden Ratschläge, sondern zeige Möglichkeiten auf und gebe meinem Gesprächspartner das Gefühl, selbst entscheiden zu können (selbst wenn ich diese Entscheidung steuere).

☐ Ich habe die notwendigen Unterlagen, wie z.B. die Notenliste, griffbereit.

☐ Es liegen immer Notizblock und Stift bereit.

☐ Ich schreibe schon während des Gesprächs die wichtigsten Ergebnisse auf (zusammen mit Datum, Uhrzeit und Namen des Gesprächspartners).

☐ Ich wiederhole am Ende des Gesprächs zusammenfassend, was besprochen wurde.

☐ Ich beende das Gespräch immer sachlich, konstruktiv und freundlich.

☐ Ich schicke meinem Gesprächspartner den zusammengefassten Gesprächsinhalt ggf. noch einmal per E-Mail.

Tipp: Legen Sie sich am Computer eine Telefonnotiz-Vorlage nach Ihren Bedürfnissen an, die Sie vervielfältigen und immer griffbereit neben dem Telefon liegen haben. (Microsoft Word® bietet auch eine Telefonnotiz-Vorlage.)

Denken Sie daran: Ihre **Stimme** ist am Telefon das Instrument, mit dem Sie „spielen" und Ihren Gesprächspartner beeinflussen können – sowohl positiv als auch ungewollt negativ. Ist Ihre Stimme hoch und hell, sollten Sie langsamer sprechen, um auf Ihren Gesprächspartner angenehm zu wirken. Ist Ihre Stimme tief, empfiehlt es sich, etwas schneller zu sprechen, um einen positiven Effekt zu erzielen. Mit der Stimme übermitteln Sie Ihre Stimmung: Ihre Begeisterung, Ihr Desinteresse oder Ihre Ablehnung sind für Ihren Gesprächspartner ebenso hörbar wie Zweifel oder Unsicherheit. Wenn Sie Ihre Stimme effektiv als Instrument der Vertrauensbildung und der Überzeugung einsetzen wollen, dann sprechen Sie doch einmal ein paar Sätze auf Band und überprüfen Sie Ihre Klanghöhe, die Stimmkraft, das Sprachtempo und auch Ihren Satzbau. Wiederholen Sie sich oft? Sprechen Sie deutlich? Gebrauchen Sie immer wieder irgendwelche Füllwörter oder Floskeln? Sprechen Sie bildhaft, um – obwohl die Möglichkeit, Botschaften durch Mimik und Gestik zu verdeutlichen, fehlt – die Vorstellung des Gesprächspartners zu aktivieren, mehr Emotionen auszulösen und das Verstehen des Sachinhaltes zu erleichtern? Übertreiben Sie jedoch nicht! Das gilt für bildhafte Formulierungen wie für die anderen Tipps. Ein Gespräch sollte immer ganz authentisch wirken.

■ Besondere Herausforderung: Schülergespräche

Schülergespräche sind wichtig, kosten aber in manchen Fällen sehr viel Zeit – was in der Regel immer wieder an denselben Problemen liegt. Hilfreich ist es, sich auf die Schüler richtig einzulassen und etwas Zeit zu investieren, um Sie besser kennenzulernen. So können Sie bei Schülergesprächen zukünftig Stolperfallen umgehen, bei Problemen/Konflikten sofort richtig reagieren und die Gespräche dadurch zielgerichteter und zeitsparender führen.

Gehen Sie nacheinander Schüler für Schüler mit der folgenden Checkliste durch und machen Sie sich Notizen. Sie können die Checkliste auch entsprechend der Schülerzahl kopieren, für jeden Schüler ausfüllen und dann die Kopien in einem speziellen Ordner abheften. Lesen Sie sich die Feststellungen der Checkliste in aller Ruhe durch und kreuzen Sie die Punkte an, die bei Ihrem Schüler X *in besonderem Maße zutreffen.*

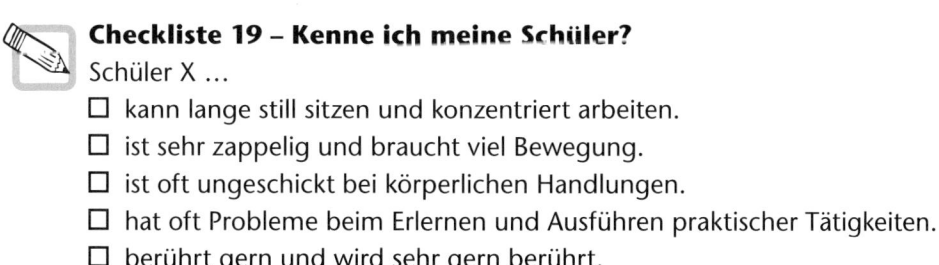

Checkliste 19 – Kenne ich meine Schüler?
Schüler X ...
- ☐ kann lange still sitzen und konzentriert arbeiten.
- ☐ ist sehr zappelig und braucht viel Bewegung.
- ☐ ist oft ungeschickt bei körperlichen Handlungen.
- ☐ hat oft Probleme beim Erlernen und Ausführen praktischer Tätigkeiten.
- ☐ berührt gern und wird sehr gern berührt.

- ☐ ist sehr zurückhaltend bei körperlichem Kontakt.
- ☐ kann im Gespräch gut Augenkontakt halten.
- ☐ vermeidet Blickkontakt.
- ☐ kann Gefühle sehr gut zeigen.
- ☐ kann seine Gefühle nicht zeigen und/oder auch in Worten nur sehr schwer oder gar nicht ausdrücken.
- ☐ schaltet schnell ab bei
  - ➜ a) zu vielen visuellen Eindrücken (Bildern).
  - ➜ b) zu vielen auditiven Eindrücken (Wörtern).
- ☐ erinnert sich gut an Informationen,
  - ➜ die er gesehen oder gelesen hat.
  - ➜ die gesagt wurden.
- ☐ erinnert sich gut an Situationen, die er erlebt hat oder in denen er etwas aktiv getan hat.
- ☐ redet ständig.
- ☐ ist sehr schüchtern (gerade wenn es darum geht, in der Gruppe zu reden).
- ☐ liest nicht gerne vor und hält nicht gern Referate und Vorträge.
- ☐ bewegt beim Reden oft die Hände.
- ☐ übernimmt in Gruppen gern die Führung.
- ☐ unterbricht oft andere im Gespräch und wirkt manchmal altklug.
- ☐ ist oft vorlaut.
- ☐ gibt sehr gerne an.
- ☐ will häufig auf sich aufmerksam machen, wobei es oft zu Körperkontakt kommt (er schubst oder schlägt auch mal).
- ☐ jammert und klagt oft.
- ☐ hat schnell schlechte Laune.
- ☐ fühlt sich leicht verletzt
  - ➜ durch verletzende Worte.
  - ➜ durch nicht gewollte Berührungen.
- ☐ erzählt, wenn er eine neue Bekanntschaft gemacht hat,
  - ➜ über das Aussehen.
  - ➜ über das, was gesagt wurde.
  - ➜ über das, was er mit dem neuen Freund gespielt oder gemacht hat.
  - ➜ darüber, wie es dem neuen Freund geht.
- ☐ legt beim Kauf von neuer Kleidung vor allem darauf wert,
  - ➜ dass es Markenkleidung ist.
  - ➜ dass es seine Lieblingsfarben sind.
  - ➜ dass die Kleidung bequem ist.

- ☐ hat viele Ideen und möchte andere dafür begeistern.
- ☐ ist sehr kontaktfreudig und liebt Gespräche mit anderen.
- ☐ ist sehr teamfähig.
- ☐ spricht oft leise, aber sehr genau.
- ☐ muss sich bewegen, um gut zu sprechen.
- ☐ liest sehr gern und kann auch schnell lesen.
- ☐ schreibt sauber und leserlich.
- ☐ hat eine unleserliche oder zumindest nur schwer lesbare Handschrift.
- ☐ hat einen großen Wortschatz.
- ☐ lernt leicht
    - ➜ beim Lesen und bei Diskussionen.
    - ➜ durch Beobachten und Ausprobieren.
    - ➜ wenn er den Stoff anderen erklärt.
- ☐ lernt Fremdsprachen leicht, indem er sie hört.

(Informationen nach Oppolzer, U.: „99 Tipps: Konzentration und Lernfähigkeit.
Für die Sekundarstufe", Cornelsen Scriptor 2012)

Wenn einmal ein ernstes Gespräch mit einem Ihrer Schüler ansteht, nehmen
Sie vorher die ausgefüllte Checkliste zur Hand, um sich optimal auf Ihren
Gesprächspartner einstellen zu können.

> **Tipp:** Die Schüler-Checkliste eignet sich auch sehr gut, um sich auf
> Elterngespräche vorzubereiten!

Die Ergebnisse helfen Ihnen vor allem auch dabei, sich ein Bild davon zu machen, ob der betreffende Schüler eher ein auditiver, optisch/visueller, haptischer
oder kognitiver Typ ist. Im Folgenden erhalten Sie einige Tipps, wie Sie auf die
verschiedenen Vorlieben bei Gesprächen (und allgemein im Unterricht) noch
besser eingehen können und so die Erkenntnisse für eine effektive Gesprächsführung nutzen können.

Schwerpunkt Hören und Zuhören

Bei Schülern, denen am besten das Hören und Zuhören liegt, sollten Sie folgende Tipps beherzigen:

- ➜ Wenn Ihr Schüler X beim Gespräch oft wegschaut oder zwinkert, bedeutet
  das nicht unbedingt, dass er Ihnen nicht zuhört. Es ist für ihn gerade wichtig,
  um das Gehörte zu verarbeiten.
- ➜ Legen Sie den Schwerpunkt auf verständliche Erklärungen, in denen Sie
  klare, einfache Wörter verwenden. Ihr Schüler merkt sich wahrscheinlich
  gut, was er gehört oder worüber Sie erzählt haben.
- ➜ Wenn es um neue Situationen geht, schaffen Sie möglichst eine Verbindung
  mit bereits gemachten Erfahrungen.

→ Wenn zu viele Reize auf Ihren Schüler einstürmen, schaltet er vermutlich schnell ab.

→ Wenn Lesen für Ihren Schüler eine mühselige Sache ist, dann liegt es vermutlich daran, dass er Wörter nicht so gut visuell erfassen und sich nicht so gut an das Wortbild erinnern kann.

→ Der gesprochene Wortschatz ist in der Regel größer als der Lesewortschatz.

→ Ihr Schüler hat vielleicht viele Träume und Vorstellungen, bekommt jedoch oft Probleme, wenn es darum geht, diese Ideen umzusetzen. Ermutigen Sie ihn dazu, es dennoch zu versuchen.

→ Ihr Schüler ist wahrscheinlich eine kleine Führungspersönlichkeit und möchte ständig seine Energie einsetzen.

Schwerpunkt Hören und Sprechen

Bei Schülern, denen am besten das Hören und Sprechen liegt, sollten Sie folgende Tipps beherzigen:

→ Wenn der Schüler beim Erzählen wegschaut, ist das nicht gegen Sie gerichtet, sondern eine Hilfe bei der Formulierung.

→ Alles dreht sich um das Sprechen. Ihr Schüler redet gern und stellt viele Fragen. Auch hier sind Geduld und die Bereitschaft, Fragen zu beantworten, sehr wichtig.

→ Ihr Schüler lernt leicht Sprachen durch Hören und Lesen, hat jedoch wahrscheinlich Probleme bei praktischen Tätigkeiten oder beim Sport. Üben Sie sich also in Geduld, wenn Ihr Schüler schreibt, rechnet oder malt. Wenn es um körperliche Fertigkeiten geht, so reicht es nicht, diese vorzumachen. Erläutern Sie die entsprechende Situation und zeigen Sie vielleicht eine Anleitung mit Bildern. Werden Sie nicht ungeduldig, wenn Ihr Schüler diese Aufgaben langsam und vielleicht umständlich bewältigt.

→ Ihr Schüler stellt viele Fragen und möchte Sachverhalte, die er verstanden hat, mit eigenen Worten wiedergeben. Regen Sie Ihren Schüler an, gelernten Stoff auf Band zu sprechen oder zu singen, damit er sich die Informationen immer wieder anhören kann. Lassen Sie sich den gelernten Stoff von ihm erzählen.

→ Der Schüler reagiert auf Worte und auch auf den Klang der Stimme, merkt jedoch nicht immer, welche Wirkung seine Worte haben.

→ Geben Sie Feedback, indem Sie den Inhalt eines Gespräches mit Ihren Worten zusammenfassen.

→ Regen Sie den Schüler an, ein Tagebuch zu führen, damit er beim Schreiben seine Gedanken ordnen kann.

→ Da Ihr Schüler bei Berührungen schnell abschaltet, vermeiden Sie diese, wenn Sie etwas erklären. Körperkontakt führt oft zu Unsicherheit und Hemmungen.

→ Setzen Sie sich bei einem wichtigen Gespräch nicht direkt gegenüber, sondern neben den Schüler.

→ Fragen Sie nicht direkt, wie sich Ihr Schüler fühlt, da es dem Schüler in diesem Bereich sehr schwer fällt, Worte zu finden und Gefühle durch Worte auszudrücken. Lassen Sie Ihren Schüler Bilder malen und durch Farben und Formen Stimmungen und Erlebnisse ausdrücken.

Schwerpunkt Erfahren und Erleben

Bei Schülern, die am besten durch Erfahren, Erleben und eigenes Handeln lernen, sollten Sie folgende Tipps beherzigen:

→ Ihr Schüler lernt leicht körperliche Fertigkeiten, ist sehr praktisch veranlagt und experimentiert gern.

→ Da Ihr Schüler Informationen am leichtesten durch Bewegung und oft dem Einsatz des ganzen Körpers erfasst, sollten Sie dafür viele Gelegenheiten schaffen. Gespräche führen sich leichter bei einem Gang über den Schulflur oder einer gemeinsamen Aktivität.

→ Auch Körperkontakt ist sehr wichtig. Ihr Schüler berührt gerne und wird gerne berührt. Zeigen Sie Ihrem Schüler immer wieder Ihre Zuneigung, z.B. durch ein Klopfen auf seine Schulter, während Sie ihn loben.

→ In der Schule hat es der Schüler durch den ständigen Bewegungsdrang oft sehr schwer.

→ Ist Ihr Schüler wütend und schlägt z.B. auf Gegenstände ein, gibt es etwas, dass er nicht mit Worten ausdrücken kann. Sprechen Sie mit Ihrem Schüler darüber, sobald er sich beruhigt hat.

→ Wenn der Schüler beim Lesen und Schreiben Probleme hat, üben Sie sich in Geduld und ermutigen Sie ihn immer wieder zum Üben.

→ Mit Erläuterungen, wie etwas funktioniert oder wie sich etwas anfühlt, erreichen Sie Ihren Schüler besonders gut. Zu viele visuelle Eindrücke hingegen führen dazu, dass der Schüler schnell unkonzentriert ist, deshalb sollten Sie den Eltern empfehlen, dass Fernsehen und Computer nur minimal zum Einsatz kommen. Auch das Stillsitzen schwächt die Aufmerksamkeit des Schülers, während Bewegung Konzentration und Lernen positiv beeinflussen.

→ Ihr Schüler kann zwar das Ganze mit einem Blick erfassen, nimmt jedoch viele Details nicht wahr. Bei zu vielen visuellen Eindrücken schaltet er schnell ab und wird unaufmerksam. Haben Sie viele Schüler mit dem Schwerpunkt Erfahren und Erleben in der Klasse, die sehr leicht durch visuelle Eindrücke abgelenkt werden, sollten die Wände im Klassenraum daher nur ausgewählt bebildert sein, damit sie einen Ruhepol für Schüler darstellen.

Schwerpunkt Begreifen und Bewegen

Bei Schülern, die am besten durch Begreifen und Bewegen lernen, sollten Sie folgende Tipps beherzigen:

→ Ihr Schüler lernt leicht am liebsten handelnd, d. h. Erlebnisse, Erfahrungen bzw. Sinneseindrücke werden am besten gespeichert. Ihr Schüler scheint daher ständig in Bewegung zu sein und kann kaum still sitzen. Wenn er also zappelig ist, werden Sie nicht gleich ungeduldig. Regen Sie Ihren Schüler an, sich in den Pausen viel zu bewegen, um sich richtig auszutoben. Legen Sie außerdem im Unterricht kleine, gezielte Bewegungsübungen ein. So helfen Sie diesem Schüler sehr, sich dann wieder besser zu konzentrieren.

→ Ihr Schüler liest wahrscheinlich nicht so gern und schreibt auch nicht so leicht. Das ist an der Handschrift erkennbar. Mit der Konzentration im Unterricht gibt es Probleme, da hier das Stillsitzen angeordnet ist.

→ Bei zu vielen visuellen Eindrücken schaltet Ihr Schüler schnell ab und verliert im Unterricht dann leicht den Anschluss.

→ Ihr Schüler hat es gern, berührt zu werden und zu berühren, und hat keine Hemmungen, über Gefühle zu sprechen.

Schwerpunkt Sehen und Sprechen

Bei Schülern, denen am besten das Sehen und Sprechen liegt, sollten Sie folgende Tipps beherzigen:

→ Ihr Schüler lernt am leichtesten, was er gesehen hat. Versuchen Sie, in Gesprächen das, was Sie ihm mitteilen wollen, zu visualisieren.

→ Er liest gern, erzählt Geschichten und kann sehr gut argumentieren und überzeugen. Nehmen Sie ihn und seine Argumente ernst und verwenden Sie eine besonders bildhafte Sprache.

→ In der Schule kommt Ihr Schüler wahrscheinlich gut mit, vergisst viele Dinge aber nach den Klassenarbeiten schnell wieder. Regen Sie den Schüler an, möglichst oft Skizzen und Mindmaps zum Lernstoff zu erstellen und Mitschülern, Freunden oder seinen Eltern den Stoff zu erklären.

Schwerpunkt Schreiben und Loben

Bei Schülern, für die Schreiben und Loben besonders wichtig ist, sollten Sie folgende Tipps beherzigen:

→ Wenn Sie Ihrem Schüler etwas Wichtiges mitteilen wollen, dann schreiben Sie ihm, denn schriftliche Informationen kann er leichter aufnehmen.

→ Lassen Sie Ihren Schüler auch selbst wichtige Infos immer aufschreiben und im Unterricht Notizen machen; regen Sie ihn außerdem dazu an, eine Lernkartei anzulegen.

→ Reden und Zuhören ist für Ihren Schüler vielleicht eher anstrengend.

→ Dieser Schüler braucht viel Lob und Anerkennung. Ein mündliches Lob rauscht jedoch ebenso vorbei wie Ermahnungen oder Vorhaltungen. Ihr Schüler braucht immer das geschriebene Wort, ein Bild (z.B. Motivations-Sticker/-Stempel oder Ampelkarten) oder das persönliche Erlebnis.

Allgemeine Tipps für ein erfolgreiches Schülergespräch

→ Wenn Sie Ihrem Schüler nicht voll und ganz zuhören, wenn er mit Ihnen sprechen möchte, weil er ein Problem hat, wird er schneller sprechen und unsicher werden. Er registriert, dass Sie mit den Gedanken woanders sind, obwohl Sie behaupten, zuzuhören. Seien Sie ehrlich und sagen Sie, wenn Sie im Augenblick mit anderen Dingen beschäftigt sind. Machen Sie einen Termin mit dem Schüler aus, an dem Sie dann 100%ig für ihn da sind, und halten Sie diesen Termin unbedingt ein. So bauen Sie Vertrauen auf und der Schüler spürt, dass er sich auf Sie verlassen kann.

→ Hören Sie aktiv zu, nicken Sie zwischendurch mit dem Kopf, wenden Sie sich dem Schüler voll zu und fragen Sie ab und zu nach.

→ Behalten Sie Ihre Meinung zunächst für sich. Bewerten und korrigieren Sie nicht schon während des Gesprächs. Hören Sie einfach zu.

→ Fassen Sie den Inhalt des Gesagten und auch die Gefühle, die sich dahinter verbergen, mit Ihren Worten zusammen. So fühlt sich der Schüler verstanden und fasst Mut, auch schwierige und vielleicht sehr unangenehme Sachverhalte mit Ihnen zu besprechen.

Zusammenfassung

Bereiten Sie Ihre Gespräche immer gut vor und vermitteln Sie dem jeweiligen Gesprächspartner, dass er in diesem Moment die wichtigste Person ist. Hören Sie ihm aktiv zu. Formulieren Sie positiv, versetzen Sie sich in Ihren Gesprächspartner hinein und berücksichtigen bzw. vermeiden Sie von vornherein eventuelle Kommunikationsstörungen. So werden Sie sicherer und schneller Ihr Ziel erreichen.

Wenn Sie sich als Klassenlehrer die Mühe machen, sich intensiv mit jedem einzelnen Schüler zu beschäftigen, werden Sie langfristig nicht nur gelassener mit schwierigen Situationen und Schülern umgehen, sondern Sie gewinnen auch viel Zeit, weil Sie bestimmte Verhaltensweisen und ihre Ursachen kennen und deshalb viel besser reagieren und gezielter und sicherer Gespräche führen können.

„Alles auf einmal wollen
heißt alles auf einmal zerstören.“

(Georg Christoph Lichtenberg)

Stressbewältigung

22. Ursachen und Folgen von Stress

„Wende dein Gesicht der Sonne zu, dann fallen die Schatten hinter dich!"
(chinesische Weisheit)

Es wurde bereits mehrfach betont, wie wichtig es für ein gutes Zeitmanagement ist, immer ruhig und gelassen zu bleiben und den Überblick nicht zu verlieren. Dies wird aber sehr schwierig umzusetzen sein, sobald wir in Stress geraten. Dann vergisst man häufig die besten Vorsätze, denkt, man hat keine Zeit mehr für To-do-Listen und Priorisierung und stürzt sich völlig unüberlegt in die Arbeit, ohne zu wissen, was man zuerst und zuletzt machen soll – oder aber man blockiert völlig und schafft gar nichts mehr. Daher ist es von größter Bedeutung, Stress zu vermeiden bzw. abzubauen und ihm durch Entspannung entgegenzuwirken. Dafür müssen Sie jedoch zu allererst einmal verstehen, woher Stress kommen kann und wie er sich auswirkt, um dann zu analysieren, für welche Stressfaktoren Sie persönlich besonders angreifbar sind.

■ Was ist eigentlich Stress? Und wie gestresst sind Sie?

Stress, dieser längst zum Schlagwort gewordene Begriff, stammt aus dem Englischen und bedeutet ursprünglich Anspannung, Verzerrung, Verbiegung – zunächst auf dem Gebiet der Materialprüfung, etwa von Metallen und Glas.
In die Biologie wurde der Begriff 1950 eingeführt. Stress gibt es aber nicht erst seit kurzer Zeit, sondern schon unsere frühesten Vorfahren hatten Stress.
Stress ist ein **lebenswichtiger Vorgang**, der seit Urzeiten untrennbar mit dem Leben verbunden ist. Stress ist also zunächst einmal etwas ganz Natürliches, ein seit Millionen von Jahren eingebauter Verteidigungsmechanismus des Körpers.
Bei Gefahr mobilisiert Stress in Sekundenschnelle alle Energiereserven für eine extreme Muskelleistung. Er dient so zur blitzschnellen Vorbereitung auf Flucht oder Angriff. Das Denken muss dabei ausgeschaltet werden, damit die Reaktion fast reflexartig erfolgen kann. In einer Stresssituation im Unterricht wären Sie also theoretisch in der Lage, einen Hundertmeterlauf in Bestzeit zu laufen, stehen oder sitzen jedoch „unbeweglich" im Klassenzimmer.
Für den Steinzeitmenschen waren Stressreize und ihre Folgereaktionen die Ausnahmesituationen. In unserer hoch technisierten, schnelllebigen Welt gehört das Stressgeschehen leider zum Alltag. Ungewohnte oder mit Gefahr verbundene Wahrnehmungen (z.B. beim Autofahren) oder unangenehme Erinnerungen, Zeitdruck, Leistungsdruck, tatsächliche oder vermeintliche Erwartungen, Angst usw. lösen über das Zwischenhirn und den Sympathikus-Nerv eine direkte Stimulation der Nebennieren aus. In Bruchteilen von Sekunden werden von dort zwei Hormone in den Blutkreislauf geschickt: Adrenalin und Noradrenalin. Das

sind die sogenannten Stresshormone, die dazu dienen, den Körper schlagartig für körperliche Höchstleistungen zu präparieren.

Folgen von Stress

☐ Mobilisierung der Fett- und Zuckerreserven

☐ beschleunigte Atmung und schneller Puls

☐ Hautblässe und Absinken des Hautwiderstandes

☐ hoher Blutdruck

☐ Schwächung des Immunsystems

☐ Erhöhung der Blutgerinnungsfaktoren

☐ Blockade der Schaltstellen (Synapsen) zwischen den Nervenzellen im Gehirn

und dadurch

☐ Denkblockaden

☐ Hemmung der Empfangsbereitschaft (Informationen werden nur noch über das dominante Sinnesorgan aufgenommen; wer z.B. visuell geprägt ist, nimmt auditiv kaum noch etwas wahr)

☐ Konzentrations- und Gedächtnisschwäche

☐ Einschränkung der Merk- und Erinnerungsfähigkeit

☐ höhere Fehlerquote

☐ mangelnde Prioritätensetzung und Verzettelung

☐ geringere Flexibilität

☐ Verringerung der Kommunikationsbereitschaft oder aber ziellose Vielrednerei

☐ Rückgriff auf bewährte Dinge – fehlender Mut zu neuen Dingen

Stress belastet den Organismus, vor allem dann, wenn das notwendige Abreagieren durch Bewegung unterbleibt, was wichtig ist, um den (Nor-)Adrenalinspiegel wieder zu senken und die „Alarmbereitschaft" des Körpers wieder „auszuschalten". Nur mit Bewegung und intensiven körperlichen Aktivitäten oder Entspannung können die Stresshormone wieder abgebaut werden, kann der Körper zur Ruhe kommen und das Denken und Erinnern wieder funktionieren. Wird kein Ausgleich geschaffen, kommt es zu Dauerstress, der den Organismus noch stärker belastet und ihn irgendwann krank macht.

Mit den körperlichen Folgen wirkt sich Stress auch direkt auf Ihre Arbeit aus. Wer gestresst ist, kann sich nicht gut konzentrieren, merkt sich Fakten viel schlechter und vergisst sie leicht wieder. Die „Datenautobahnen" im Gehirn werden unter Stress schnell zu Landstraßen oder gar holprigen Feldwegen. So verlieren Sie wertvolle Zeit.

Im Idealfall vermeiden Sie Stress von vornherein, indem Sie versuchen, die sogenannten **Stressoren** zu reduzieren bzw. ihnen weniger Angriffsfläche bieten.

Stressoren sind z.B.:

→ Leistungsdruck, Zeitdruck

→ Erwartungsdruck (von innen und von außen)

→ Angst, Existenzsorgen

→ Konflikte, Ärger, Aggressivität

→ Überreizung (durch Fernsehen, Straßenverkehr, Lärm etc.)

→ mangelnde Freizeit, mangelnder Schlaf

Stressfreiheit gibt es heutzutage gerade im Lehrerberuf kaum noch. Allerdings gehen die Menschen ganz unterschiedlich mit Stress um. Es ist von Mensch zu Mensch ganz verschieden, wie anfällig wir für welche Stressoren sind. Der eine gerät z.B. bei besonders hohem Zeitdruck in Panik, bleibt aber bei Lärmbelästigung völlig gelassen und kann trotzdem konzentriert weiterarbeiten, während ein anderer vielleicht erst unter Zeitdruck richtig auf Touren kommt und produktiv wird, bei Lärm aber das Gefühl hat, wahnsinnig zu werden.

Stress muss sich nicht zwangsläufig schädigend auf den Körper auswirken. Man unterscheidet daher zwischen **positivem Stress** = Eustress = energieliefernd und teilweise sogar gesundheitsfördernd und **negativem Stress** = Disstress = gesundheitsschädigend.

Es ist also wichtig, dass Sie sich zunächst darüber bewusst werden, wie anfällig Sie für Stress sind, welche Stressoren Ihnen weniger anhaben (oder Sie gar beflügeln) und welche Ihnen besonders gefährlich werden können. Die folgende Checkliste hilft Ihnen beim Selbsttest:

Checkliste 20 – Sind Sie gestresst?

☐ Fühlen Sie sich oft überfordert?

☐ Haben Sie oft das Gefühl, zu wenig Zeit zu haben?

☐ Beträgt Ihre Arbeitszeit pro Woche mehr als 40 Stunden?

☐ Gehen Ihnen die zu erledigen Aufgaben ständig im Kopf herum, auch in Ihrer Freizeit?

☐ Sind Sie sehr ehrgeizig?

☐ Sind Sie ein Perfektionist?

☐ Fühlen Sie sich oft für Dinge verantwortlich, die Sie gar nicht beeinflussen können?

☐ Haben Sie eine geringe Frustrationstoleranz?

☐ Kostet es Sie viel Energie, Ihre Hemmungen zu verstecken oder gewisse Tatsachen zu verdrängen?

☐ Gehen Sie Gefühlen grundsätzlich aus dem Weg?

☐ Können Sie schlecht einschlafen und/oder durchschlafen?

☐ Wachen sie oft morgens mit einem flauen Gefühl im Magen auf, wenn Sie an die Schule denken?

- ☐ Müssen Sie Fächer unterrichten, die sie nicht studiert haben?
- ☐ Müssen Sie oft Klassen unterrichten, die Sie nicht kennen?
- ☐ Besteht Ihr Kollegium aus vielen „Einzelkämpfern"?
- ☐ Fühlen Sie sich in der Freizeit oft müde und energielos?
- ☐ Haben Sie Probleme mit einigen Kollegen oder mit der Schulleitung?
- ☐ Haben Sie ständig das Gefühl, alle wollen etwas von Ihnen?
- ☐ Haben Sie das Gefühl, nie zur Ruhe zu kommen?
- ☐ Nehmen Sie Ihre Arbeit oft mit ins Bett?
- ☐ Haben Sie das Gefühl, alles in Ihrem Leben dreht sich um Schule?
- ☐ Fehlt Ihnen Zeit und/oder innere Ruhe beim Essen?
- ☐ Haben Sie das Gefühl, ohne Sie gibt es ständig Probleme?
- ☐ Hangeln Sie sich von Ferien zu Ferien und sind dann, wenn es endlich so weit ist, oft schlapp oder sogar krank?
- ☐ Beschweren sich Ihre Freunde und die Familie darüber, dass Sie zu wenig Zeit für Sie haben und/oder dass Sie mit Ihren Gedanken immer nur in der Schule sind?
- ☐ Können Sie wunderbare Momente nicht entsprechend genießen?

Wie viele Kreuze haben Sie gemacht? Je mehr Fragen auf Sie zutreffen, desto höher liegt Ihr Stresslevel, sprich: desto höher ist der Handlungsbedarf. Dann sollten Sie sich unbedingt intensiver mit den folgenden beiden Kapiteln beschäftigen.

Um den Stress jedoch möglichst effektiv zu bekämpfen, sollten Sie zunächst noch etwas konkreter erforschen, was Ihre individuellen Ursachen dafür sind: Überlegen Sie nach dem Ausfüllen der Checkliste 20 einmal ganz in Ruhe, in welchen Situationen Sie sich besonders gestresst fühlen, vielleicht sogar die Nerven verlieren. Schreiben Sie diese auf einen separaten Zettel. Stellen Sie sich außerdem die Frage, welche Personen bei Ihnen häufig Stress auslösen und warum!

Suchen Sie die Ursachen für Ihren Stress nicht nur in den äußeren Bedingungen, sondern versuchen Sie auch, herauszufinden, welchen Anteil **Sie** an Zeitproblemen und Stressempfindungen haben. Die folgende Checkliste hilft Ihnen dabei, zu unterscheiden, ob Stress bei Ihnen eher durch innere oder äußere Faktoren erzeugt wird:

Checkliste 21 – Was führt bei Ihnen zu Zeitproblemen und Stress?
Innere Faktoren

- ☐ Organisieren ist für Sie ein rotes Tuch.
- ☐ Sie verzetteln sich oft und lassen sich leicht ablenken
- ☐ Sie sehen oft nicht deutlich, was wichtig und nicht so wichtig ist.

☐ Sie verwenden aufgrund eines starken Kontaktbedürfnisses zu viel Zeit für Gespräche.

☐ Sie können nur sehr schwer Nein sagen.

Äußere Faktoren

☐ Die Arbeitsbedingungen an Ihrer Schule sind mäßig bis schlecht.

☐ Informationen kommen oft zu spät, unvollständig oder gar nicht.

☐ Die Schulleitung hat kein klares Konzept. Das führt zum Zickzackkurs bzw. immer wieder zu Rückschritten mit viel Energieverlust.

☐ An Ihrer Schule wird auf viele Situationen und Probleme spontan reagiert und nicht langfristig und vorausschauend geplant.

Zum Abschluss der Analyse Ihrer individuellen Stressoren können Sie als Bild Ihr ganz persönliches „Stressmonster" auf ein DIN-A3-Blatt malen. Versehen Sie das Blatt mit Datum und schauen Sie es sich in vier Wochen wieder an, bzw. malen Sie dann ein neues. Hat sich Ihr „Stressmonster" verändert? Ist es kleiner geworden? Hat es einige Arme, die Sie immer zu umschlingen versuchten, verloren? Streichen Sie mit Genuss die verlorenen Arme des „Stressmonsters" durch oder malen Sie mit Freude ein kleineres, harmloseres Monster und vor allem ganz viele Smileys dazu. Vielleicht löst es sich eines Tages ganz in Luft auf und Sie können Ihren Sieg begeistert feiern.

Zusammenfassung

Immer mehr Menschen sind heutzutage ständig „im Stress" – wobei Stress gar nicht unbedingt etwas grundsätzlich Negatives ist. Steigt das Stresslevel jedoch zu hoch, zieht dies gesundheitliche Schäden nach sich und wir werden unkonzentriert, hektisch – und verlieren dadurch wertvolle Zeit. Es ist also wichtig, seine persönlichen kleinen und großen Stressfallen genau zu kennen, um effektiv etwas dagegen tun zu können und den „Klauen des Stressmonsters" zu entkommen.

„Ach, was sind wir dumme Leute –
Wir genießen nie das Heute.
Unser ganzes Menschenleben
Ist ein Hasten, ist ein Streben,
Ist ein Bangen, ist ein Sorgen,
Heute denkt man schon an morgen,

Morgen an die spät're Zeit –
Und kein Mensch genießt das Heut' –
Auf des Lebens Stufenleiter
Eilt man weiter, immer weiter."
(Otto Reutter)

23. Strategien zur Stressbewältigung

„Eine halbe Stunde Meditation ist absolut notwendig – außer wenn man sehr beschäftigt ist. Dann braucht man eine ganze Stunde." (Franz von Sales)

Erste Hilfe gegen Stress

→ Atmen Sie mehrere Male tief ein und aus, bevor Sie etwas sagen und/ oder handeln.

→ Zählen Sie innerlich bis zu Ihrer Glückszahl (wenn es nicht gerade die 376 ist).

→ Stellen Sie sich Ihren Lieblingsort vor, an dem Sie sich immer pudelwohl fühlen.

→ Stellen Sie sich in den Armen eines geliebten Menschen oder eines Freundes vor.

→ Lassen Sie Ihr starkes, entspanntes „Ich" herausschlüpfen und neben sich stehen. Jetzt kann es Sie von außen beruhigen und loben, wie Sie diese Situation meistern. (Sie können sich alternativ auch vorstellen, ein guter Freund, ein souveräner Kollege oder der Schulleiter würde neben Ihnen stehen und Ihnen den Rücken stärken.)

Es gibt viele Möglichkeiten, den Adrenalinspiegel zu senken und dem Stress entgegenzuwirken. Ein erster wichtiger Grundsatz lautet: **Wandeln Sie die für Sie negativen Situationen in positive Situationen um.** Dabei hilft Ihnen die folgende Übung:

Schreiben Sie auf ein DIN-A3-Blatt gut verteilt alle aktuellen Stresssituationen auf und rahmen Sie diese mit gelben Blitzen ein. Malen Sie dann neben jeden Blitz eine Sonne, in der Sie den positiven Aspekt der zunächst schwierigen Situation notieren. So geht Ihnen bildlich gesprochen ein Licht auf. Sie verwandeln die Energie des gefährlichen Blitzes in das Leuchten der Sonne, das Sie besser und klarer sehen lässt.

Kaufen Sie Smiley-Sticker und kleben Sie immer dann einen davon in Ihren Kalender, wenn Sie eine schwierige Situation gemeistert haben. Mit der Zeit genügt ein Blick in den Kalender, um Sie zu beruhigen und Ihnen Kraft zu geben, neue schwierige Situationen souverän zu meistern. Nichts und niemand kann Sie dann in Stress versetzen; Sie sind gegen alles gewappnet und ganz gelassen.

Zur Stressbewältigung gehört es auch, zu lernen, sich **abzuschirmen und nichts zu überstürzen.** Wenn es regnet, spannen Sie einen Regenschirm auf.

Sollten Sie ihn vergessen haben, werden Sie nass und eventuell sogar krank. In Bezug auf Stress bedeutet das: Schaffen Sie sich in einer ruhigen Phase einen „Stress-Schirm" an, der Sie bei „Stress-Regen" schützt! Und wenn der Stress – wie der Regen bei Wind – von allen Seiten kommt, sollten Sie sogar immer ein „Stress-Zelt" dabeihaben, in das Sie sich zurückziehen und in dem Sie abschalten können. Denn in Ihrem Zelt geht es in erster Linie um Ihre Wünsche und Bedürfnisse. Wenn also mal wieder alle gleichzeitig mit Bitten und Aufgaben auf Sie zukommen, begeben Sie sich gedanklich in Ihr „Zelt" und überlegen Sie in Ruhe, wie viel Sie sich zumuten können und wollen. Dann wird es Ihnen leichter fallen, auch mal Nein zu sagen oder „Im Augenblick geht es leider nicht", „Das gehört nicht zu meinen Aufgaben" oder „Ich werde darüber nachdenken und wieder auf Sie zukommen". Die Ruhe Ihres Rückzugsortes hilft Ihnen auch dabei, zu überlegen, ob und was Sie delegieren können oder wen Sie um Hilfe bitten können, um die Stresssituation gemeinsam zu bewältigen.

Um gegenüber Ihren Stressoren besser gewappnet zu sein, sollten Sie immer darauf achten, Ihre **Energiereserven zu schonen und aufzufüllen**:

→ Achten Sie auf ausreichend Schlaf.
→ Planen Sie feste Entspannungs- und Erholungsphasen mit ein (siehe auch unten).
→ Sorgen Sie für ausreichend Bewegung.
→ Achten Sie auf eine gesunde, ausgewogene Ernährung.
→ Arbeiten Sie nicht gegen Ihren Biorhythmus, sondern mit ihm.
→ Sorgen Sie für eine entspannte Arbeitsatmosphäre ohne Lärm oder störende Musik.
→ Richten Sie Ihr Arbeitsumfeld so ein, dass Sie von Farben umgeben sind, die positiv auf Sie wirken.
→ Machen Sie Angst, Trauer oder Ärger nicht mit sich allein aus, sondern sprechen Sie mit jemandem darüber, um die negativen Emotionen verarbeiten zu können.
→ Vermeiden Sie den Kontakt mit Menschen, die Sie ständig durch Ihre negative Einstellung mit „runterziehen". Umgeben Sie sich stattdessen mit Menschen, deren positive Energie Sie mitreißt.

Denken Sie stets daran: Für **negative Emotionen** sind Sie selbst verantwortlich. Sie können etwas dagegen tun und sie wieder **in positive Energie umwandeln**! Außerdem sind die meisten Emotionen reflektiert, d.h. Sie reagieren auf mündliche und schriftliche Äußerungen Ihrer Mitmenschen. Wenn der Schulleiter Sie am Morgen anspricht und Ihnen sagt, wie professionell und erfolgreich Sie den Fachbereich leiten oder die Konferenz moderiert haben, dann schweben Sie an diesem Tag vermutlich lächelnd durch die Gänge, sind besonders freundlich zu Kollegen und Schülern und reagieren in schwierigen Situationen mit Gelassenheit und Humor. Dieses Lob beflügelt Sie und führt den ganzen Tag über zu positiven Emotionen. Damit eine negative Nachricht Ihre Emotionen nicht entsprechend in die andere Richtung zieht und so Ihre Energiebilanz schwächt, sollten Sie bewusst versuchen, dagegen anzuarbeiten. Machen Sie sich z. B. selbst eine kleine Freude, in dem Sie sich nach der Schule Ihr Lieblingsgericht kochen. Powern Sie sich beim Sport richtig aus, um die negativen Emotionen wieder aus Ihrem Körper herauszulassen. Holen Sie sich Energie durch entspannende, fließende Musik zurück – oder werfen Sie einen Blick auf Ihr „Blitz-Sonne-Gemälde"!

> **Tipp:** Um Stress, den Sie nicht verhindern konnten, **wieder abzubauen**, können Sie Ihren Adrenalinspiegel am besten senken, wenn Sie nach der Schule Sport treiben oder sich auf irgendeine Art intensiv bewegen: Treppen rauf- und runterlaufen, Holz hacken, einen Boxsack bearbeiten, laut singen, in ein Kissen (oder auch ohne) laut schreien. Das befreit garantiert – probieren Sie es aus!

◼ Entspannungsübungen

„Faulheit ist der Humus des Geistes."

Für stressgeplagte Menschen ist es unbedingt notwendig, genug Raum für Entspannung zu lassen – und diesen dann auch richtig zu nutzen. Den beiden Gehirnhälften entsprechend gibt es ein chinesisches Zeichen, das unser grundlegendes Lebensprinzip symbolisiert:

Yin + Yang = Passivität + Aktivität = Entspannung + Anspannung

Es geht Erwachsenen wie auch Kindern dann gut, wenn keine der beiden Seiten vernachlässigt wird. Damit Sie körperlich und geistig voll leistungsfähig sein können, brauchen Sie den ständigen Wechsel zwischen Anspannung und Entspannung.

Entspannungsübungen bringen also Körper, Geist und Seele wieder ins Gleichgewicht; sie bewirken ein „In-sich-Hineinhören" und sensibilisieren für die Wahrnehmung körperlicher Bedürfnisse. Durch die Ausführung solcher Übungen, die über die Vorstellungskraft laufen und sich an Prinzipien des Autogenen Trainings oder auch der progressiven Muskelentspannung orientieren, kommt es zur Verringerung von psychosomatischen Beschwerden, zu erholsamerem Schlaf und zu einer Leistungssteigerung des Gehirns.

Entspannungsübungen sollten daher täglich durchgeführt werden – am besten machen nicht nur Sie solche Übungen, sondern auch Ihren Schülern sollten Sie regelmäßig Entspannungsphasen anbieten, z. B. zu Beginn des Tages/nach einer großen Pause. So wird Stress abgebaut und Denkblockaden werden gelöst; die Konzentration steigt und die rechte Gehirnhälfte wird sozusagen „eingeschaltet", wodurch Fantasie und Kreativität sich entfalten können. Nur im entspannten Zustand können die Synapsen „feuern" – das bedeutet: schnelles, vernetzendes Denken und damit optimales Speichern und Abrufen von Wissen.

 Entspannungsübungen ...

→ bewirken eine positive biochemische Veränderung in den Zellen.

→ beeinflussen die Hormonproduktion.

→ verbessern die Durchblutung der Muskeln und die Sauerstoffversorgung des Gehirns.

→ stärken das Immunsystem.

→ bauen Stress ab.

→ lösen und verhindern Denkblockaden.

→ steigern die Konzentration.

→ verbessern die Gedächtnisleistung.

→ aktivieren die rechte Gehirnhälfte für mehr Fantasie und Kreativität.

→ erleichtern das problemlösende Denken.

Es gibt zahlreiche verschiedene Entspannungsmethoden, z.B. Autogenes Training, Alpha-Training, Bio-Feedback, Meditation oder Progressive Muskelentspannung. Probieren Sie einfach verschiedene Techniken aus und finden Sie so heraus, welche Methoden sich am besten für Sie eignen. Seien Sie dabei nicht zu ungeduldig – richtig entspannen will gelernt sein; es braucht eine Weile, um sich ganz auf die Übungen einzulassen. Geben Sie dennoch nicht vorschnell auf – Es lohnt sich!

Im Folgenden finden Sie schon mal ein paar einfache Übungen für zwischendurch, mit denen Sie starten können.

Entspannungsübungen für zwischendurch

Übung 1 – Setzen Sie sich auf einen bequemen Stuhl und schließen Sie die Augen. Umfassen Sie mit Ihren Händen fest die Lehne; drücken Sie die Lehne so fest, als wollten Sie eine Zitrone ausdrücken – ballen Sie Ihre Hand zur Faust! Zählen Sie ganz langsam bis fünf. Lassen Sie dann wieder los und konzentrieren Sie sich auf das Gefühl der wieder eintretenden Entspannung, der wohligen Erschlaffung, die nun, nach der intensiven Anspannung, ganz deutlich spürbar ist. (Neuere Studien besagen, dass das Anspannen/Zur-Faust-Ballen der linken Hand die Konzentration verbessert, während die Anspannung der rechten Hand das Gedächtnis stärkt [vgl. Gehirn und Geist – das Magazin für Psychologie und Hirnforschung, März 2013].) Trainieren Sie das Muskelanspannen und -entspannen auch mit den Unterarmen, Oberarmen, Schultern, Bauchmuskeln, Gesäßmuskeln, Beinen, Füßen usw. Machen Sie sich das entspannte Gefühl ganz bewusst.

Übung 2 – Versuchen Sie es doch mal mit der Atemübung „ohm-maa-ha": Setzen oder stellen Sie sich in eine bequeme Position, lockern Sie die Schultern und versuchen Sie, ganz ruhig und entspannt zu atmen. Denken Sie nun beim Einatmen die Silbe „ohm", beim Ausatmen die Silbe „maa" und dann, wenn schon kaum mehr Luft in der Lunge ist, atmen Sie mit der Silbe „ha" den letzten Rest Luft aus. Wiederholen Sie dies 5- bis 10-mal.

Übung 3 – Entspannen Sie sich mit Fantasie: Stellen Sie sich z.B. Ihren letzten Urlaub vor, einen sehr angenehmen und erholsamen Tag. Versuchen Sie, sich an möglichst viele Details zu erinnern: an die Landschaft, an die Farben, an das Meeresrauschen, an Düfte usw., bis Sie ein ganz klares Bild vor Augen haben und z.B. die Vögel zwitschern hören können.

(Entspannungsübungen aus: Oppolzer, U.: „Bewegte Schüler lernen leichter", Verlag modernes Lernen 2004, ISBN 978-3-86145-268-3)

> ### Zusammenfassung
> Um Stress zu vermindern und zu bewältigen, sollten Sie stets versuchen, Negatives in Positives umzuwandeln, zum Abschirmen immer einen „Stress-Schirm" und ein „Stress-Zelt" parat zu haben, Ihre Energiereserven zu schonen und regelmäßig aufzufüllen sowie negativen Emotionen aktiv entgegenzuwirken. Außerdem ist es wichtig, auf regelmäßige Entspannungsphasen zu achten. Versuchen Sie, täglich mindestens eine Entspannungsübung zu machen!

24. Trennung von Arbeitszeit und Freizeit

*„Für den wahren Lebenskünstler ist die schönste Zeit immer diejenige,
die er gerade verbringt." (Orson Welles)*

Die Trennung von Arbeit und Freizeit ist im Lehrerberuf besonders schwierig, da Lehrer im Gegensatz zu Menschen, die Feierabend haben, wenn Sie das Büro verlassen, auch zu Hause weiterarbeiten. Hinzu kommt, dass das Arbeitspensum oft schwankt – es gibt Phasen, in denen sich Berge an Mappen, Heften und Klassenarbeiten häufen, während es auch Wochen gibt, in denen es relativ ruhig ist. Häufig muss man spontan reagieren und umdisponieren, denn Aufgaben kommen nicht selten überraschend und lassen sich manchmal nicht einfach auf die nächste Woche schieben. So ist nicht selten auch das Wochenende vollgestopft mit schulischen Aufgaben, der Sonntagnachmittag wird bei vielen Lehrern bereits regelmäßig für die schulische Vorbereitung benutzt und ist keine Freizeit mehr. Dadurch, dass es im Lehreralltag keine klare Grenze zwischen Arbeitsplatz und Freizeit gibt, haben Lehrer besonders oft das Gefühl, nie fertig zu sein. Immer liegen noch irgendwelche Tests zum Korrigieren auf dem Tisch, immer gibt es noch irgendein Protokoll zu schreiben, und die Sorgen um einen besonders schwierigen Schüler lassen sich abends z.B. nicht so einfach abschalten wie die Schreibtischlampe. Immer wieder gibt es Veränderungen, neue Anforderungen, denen ein Lehrer sich stellen muss. Vielleicht müssen Sie spontan in der 7. und 8. Stunde Unterricht übernehmen und dann rufen am Nachmittag auch noch aufgebrachte Eltern bei Ihnen zu Hause an, um Probleme zu besprechen und sich Rat zu holen. Sie können dann Ihre Unterrichtsvorbereitungen für den nächsten Tag erst am Abend beginnen und verschieben den Förderplan, den Sie sich für diesen Tag vorgenommen hatten, auf das Wochenende. Dann ist allerdings die vermeintlich freie Zeit wieder mit Schule ausgefüllt und private Aktivitäten für Sie selbst oder mit Ihrer Familie und Freunden kommen zu kurz. So entsteht das Gefühl, immer einen Berg vor sich herzuschieben und die nächsten Ferien herbeizusehnen, um endlich die (auch privaten) liegen gebliebenen Dinge abzuarbeiten.

Wo bleibt da die Möglichkeit des Abschaltens, der Entspannung? Sie können Arbeit und Freizeit leichter voneinander trennen, wenn Sie ein paar Regeln beachten – und wirklich strikt einhalten:

10 Goldene Regeln zur Trennung von Arbeit und Freizeit

→ Erledigen Sie Unterrichtsvorbereitung und Korrekturen grundsätzlich nur im Arbeitszimmer, das möglichst weit weg vom Wohnbereich liegen sollte.

→ Arbeiten Sie im Arbeitszimmer möglichst mit Blick aus dem Fenster und nicht auf die noch zu erledigenden Dinge.

→ Legen Sie noch zu korrigierende Hefte, Mappen, Klassenarbeiten etc. außerhalb Ihres Blickfelds (z.B. in einen verschließbaren Rollschrank, dabei von oben nach unten geordnet je nach Dringlichkeit).

→ Gestalten Sie das Heimkommen von der Schule mit einem kleinen Ritual, um Abstand zur Schule herzustellen, und leiten Sie dann nach der Schularbeit zu Hause den Feierabend ebenfalls mit einem Ritual ein – sei es mit einer Tasse Tee, einem Spaziergang durch den Garten, Ihrem Lieblingslied oder einer Entspannungsübung.

→ Legen Sie für das Arbeiten zu Hause klare Zeiten fest, an die Sie sich auch halten.

→ Tragen Sie für Hobbys, Sport, Entspannung etc. feste Termine in Ihren Kalender und verschieben Sie diese nicht.

→ Teilen Sie den Eltern feste Zeiten mit, in denen sie Sie telefonisch erreichen können. Gut ist eine eigene Telefonnummer für Schulangelegenheiten. Dann kann der Anrufbeantworter in diesem Sinne besprochen werden.

→ Wenn Sie ein visueller Typ sind, geben Sie Ihren unterschiedlichen Lebensbereichen gedanklich unterschiedliche Farben: Stellen Sie sich bspw. die Farbe Rot vor, wenn Sie mit der Arbeit für die Schule beginnen, die Farbe Grün für Freizeit, Gelb für Entspannung, Lila für Sport und Blau für die Nachtruhe.

→ Haben Sie stets einen Notizblock/Ihr Smartphone oder Tablet parat, um Einfälle notieren zu können. Wenn Ihnen also in der Freizeit eine Idee für die nächste Unterrichtseinheit kommt, können Sie sie schnell notieren und so aus Ihrem Kopf holen, um sich dann wieder voll und ganz auf die Freizeitaktivität zu konzentrieren. Denken Sie erst in der nächsten Arbeitsphase für die Schule über den Einfall weiter nach!

→ Schieben Sie belastende schulische Gedanken bewusst zur Seite, wenn Sie die Schule/den Schreibtisch verlassen, damit Sie Ihre freie Zeit voll genießen können. Blitzen dennoch Gedanken zur Schule auf, dann sagen Sie „Stopp!" und stellen sich Ihren Lieblingsplatz vor und sehen sich, wie Sie ganz entspannt lächeln und glücklich sind.

Tipp: Halten Sie sich möglichst immer einen ganzen Tag des Wochenendes komplett frei, ganz egal wie voll Ihr Schreibtisch ist. Das sollten Sie sich wert sein. Pro Monat sollte auch ein komplettes Wochenende nur für die Freizeit freigehalten werden.

Zusammenfassung

Auch wenn es schwerfällt – die konsequente Einhaltung einiger Regeln für eine klare Trennung zwischen Arbeit und Freizeit ist unbedingt notwendig, um von der Arbeit richtig abschalten und entspannen zu können. Nur so tanken Sie Ihre Energiereserven auf, um dem täglichen Stress gelassen zu begegnen, sich nicht aus der Ruhe bringen zu lassen und dadurch Zeit zu sparen.

*„Monde und Jahre vergehen,
aber ein schöner Moment leuchtet
das Leben hindurch.“*

(Franz Grillparzer)

Auf einen Blick

25. Sind Sie ein Zeitmanagement-Profi?

Diese Abschluss-Checkliste sollten Sie nicht jetzt gleich durchgehen, nachdem Sie dieses Buch zu Ende gelesen haben, sondern vielleicht in drei Monaten. Dann können Sie besser sehen, welche Anregungen Sie bereits umgesetzt haben – und wo noch Verbesserungspotenzial steckt. Nehmen Sie sich bis dahin nicht zu viel auf einmal vor und gehen Sie Schritt für Schritt vorwärts. Suchen Sie sich ein paar neue Strategien aus, erproben und verinnerlichen Sie sie und probieren Sie erst dann einen weiteren Tipp aus. Weihen Sie Ihre Familie, Freunde und auch enge Kollegen ein, dass Sie sich verändern und Ihr Zeitmanagement verbessern möchten. So können Sie sie mit einbeziehen und werden sicherlich von ihnen unterstützt.

Nach einer gewissen Zeit können Sie sich dann die Checkliste vornehmen: Kreuzen Sie an, was für Sie bereits zutrifft, und wiederholen Sie den Check nach einem halben und einem ganzen Jahr. Sobald Sie 25 oder sogar mehr Kreuzchen machen können, sind Sie ein glücklicher Zeitmanager.

Checkliste 22 – Sind Sie ein Zeitmanagement-Profi?

☐ Ich mache das, was ich mache, mit einer positiven Einstellung.

☐ Ich setze mir realistische Termine und gebe für die Schüler, die Schulleitung und die Kollegen noch ein paar Tage dazu.

☐ Ich trage meine festen, nicht veränderbaren Abgabetermine immer 2–3 Tage früher in den Kalender ein, damit ich genug Spielraum habe.

☐ Ich sorge für mich und mache auch für mich selbst feste Termine.

☐ Ich klopfe mir selbst auf die Schulter, wenn ich etwas gut gemacht habe, und belohne mich.

☐ Ich kenne meine Stärken und weiß, wie ich meine Schwächen stärken kann.

☐ Ich stehe zu mir, zu meinen Stärken ebenso, wie zu meinen nicht ganz so optimalen Seiten.

☐ Ich suche nicht, ich finde schnell.

☐ Ich weiß, wie ich mit Stresssituationen umgehe, und sorge für ausreichend Entspannung und Schlaf.

☐ Ich erwarte nicht zu viel von mir und von anderen und bin geduldig mit mir und meinen Mitmenschen.

☐ Ich setze mir realistische Ziele und plane den Weg zum Ziel mit Zwischenzielen und vor allem mit „Zeit-Puffern".

☐ Durch meine Zielsetzung und Planung behalte ich immer den Überblick und bleibe gelassen.

☐ Ich setze Prioritäten und verzettele mich nicht.

☐ Ich bin in meinem Vorgehen konsequent.

☐ Ich reduziere meine Zeitdiebe.

- ☐ Ich kann mich jetzt besser organisieren und schaffe deshalb mehr Aufgaben in der gleichen Zeit.
- ☐ Aufgaben zerlege ich, wenn möglich, in kleine Abschnitte.
- ☐ Ich kann Nein sagen und Verpflichtungen und Aufgaben verringern.
- ☐ Ich bin in der Lage, mich konsequent zurückzuziehen, um dringende und/oder konzentrationsintensive Arbeiten zu erledigen.
- ☐ Ich praktiziere, wenn irgendwie möglich, Monotasking und nicht Multitasking. Ich konzentriere mich immer voll auf eine Sache und erst dann auf die nächste, da das insgesamt viel weniger Zeit kostet.
- ☐ Ich arbeite ähnliche Aufgaben immer gemeinsam ab, z. B. erledige ich alle anstehenden Telefonate hintereinander und nicht über den Tag verteilt.
- ☐ Ich kenne die Tricks gegen Aufschieberitis und leide nicht mehr darunter.
- ☐ Ich habe meinen Perfektionismus fast vollkommen abgelegt, da ich weiß, dass es ausreicht, gute Arbeit zu leisten; sie muss nicht immer perfekt sein.
- ☐ Ich bin immer bereit, mein Selbstmanagement zu verbessern und Tipps auszuprobieren.
- ☐ Ich kontrolliere mich von Zeit zu Zeit selbst.
- ☐ Ich finde für mich die optimale Balance zwischen Arbeits- und Entspannungsphasen.
- ☐ Mein Zeitmanagement hilft mir, mehr Zeit für die für mich wesentlichen Dinge im Leben zu haben und auch das Faulenzen zu genießen.

Nimm dir Zeit ...

Nimm dir Zeit, um zu lernen,
es ist die Voraussetzung für einen wachen Geist.

Nimm dir Zeit, um nachzudenken,
es ist die Quelle der Kraft.

Nimm dir Zeit, um zu spielen,
es ist das Geheimnis der Jugend.

Nimm dir Zeit, um zu lesen,
es ist die Grundlage des Wissens.

Nimm dir Zeit, um zu träumen,
es ist der Weg zu den Sternen.

Nimm dir Zeit, um zu lieben,
es ist die wahre Lebensfreude.

Nimm dir Zeit, um froh zu sein,
es ist die Musik der Seele.

(aus Irland)

26. Alle Tipps auf einen Blick

→ Sorgen Sie für sich und Ihr Wohlbefinden und warten Sie nicht, bis Ihr Körper entsprechende Signale sendet.

→ Seien Sie offen für die Wünsche und Bedürfnisse Ihrer Kollegen, Ihrer Familie und Ihrer Freunde.

→ Äußern Sie Ihre Wünsche und Bedürfnisse klar und deutlich und in Ich-Botschaften.

→ Treffen Sie rechtzeitig Vereinbarungen und achten Sie darauf, dass diese eingehalten werden.

→ Überlegen Sie sich, ob, Sie einige der beeinflussbaren Termine und Aufgaben von Ihren leistungsstärkeren Phasen in leistungsschwächere Phasen oder umgekehrt verschieben können und wollen.

→ Wer ständig gegen seine innere Uhr arbeitet, ist leistungsschwächer und kann auf Dauer sogar krank werden. Versuchen Sie, so gut es geht Ihrem Biorhythmus zu folgen.

→ Wenn Sie erfolgreich geistig arbeiten und Ihre Konzentration erhalten wollen, legen Sie Ihre Essenszeiten in Ihre leistungsschwächeren Zeiten, nehmen Sie mehrere, aber dafür kleinere Mahlzeiten zu sich und essen Sie weniger Fettes und Süßes.

→ Führen Sie eine Woche lang ein Zeitprotokoll: Stecken Sie einen kleinen Block und einen Stift in Ihre Jacken- oder Hosentasche und notieren Sie genau, was Sie den ganzen Tag über machen. So können Sie Ihre persönlichen Zeitdiebe schnell ausfindig machen, um sie in die Flucht zu schlagen.

→ Ihr Schreibtisch muss nicht unbedingt vollkommen leer sein, aber die Dinge, die Sie immer wieder brauchen, sollten schon einen festen Platz haben.

→ Verwenden Sie die „Steintechnik".

→ Lassen Sie sich ablenken, aber nur in Pausen und in Ihrer Freizeit.

→ Strukturieren Sie Ihre Arbeit, geben Sie sich konkrete Zeitvorgaben für Aufgaben wie auch für Pausen, damit Sie Ihren Verzettelungs-Zeitdieb besiegen.

→ Belohnen Sie sich jedes Mal, wenn Sie Ihrem Perfektionismus ein Schnippchen geschlagen haben.

→ Bevor Sie eine Prioritätenliste aufstellen wie ein Zeitmanagement-Profi, beginnen Sie damit, sich jeden Morgen eine Aufgabe vorzunehmen, die unbedingt heute erledigt werden muss, und belohnen Sie sich, wenn Sie dies geschafft haben.

→ Wenn Sie bisher eher unorganisiert waren, versuchen Sie nicht, gleich morgen ein Organisationsprofi zu werden, sondern belohnen Sie sich für jeden kleinen Schritt, den Sie erfolgreich in diese Richtung gegangen sind.

→ Deaktivieren Sie das automatische Abrufen der E-Mails.

→ Machen Sie 2-mal am Tag einen E-Mail-Check, z. B. nach der Mittagspause in der Warmlaufphase für die Unterrichtsvorbereitung und am Ende Ihres Arbeitstages, um dann entspannt Ihr Privatleben und Ihre Freizeit genießen zu können.

→ Sorgen Sie für sich und bestimmen Sie, wann Sie erreichbar sind. Vereinbaren Sie Telefonzeiten und schalten Sie den Anrufbeantworter ein.

→ Legen Sie das Handy in den Arbeitsphasen weit weg, schalten Sie es aus oder auf lautlos und schauen Sie erst nach der Arbeit oder zumindest erst nach einer erledigten Aufgabe wieder drauf.

→ Versuchen Sie, keine Zeit im Internet oder vor dem Fernseher zu verschwenden, und betrachten Sie diese Medien als Ihr Hobby. Planen Sie Ihren Fernsehkonsum. So konsumieren Sie bewusst das, was Sie wirklich interessiert, und laufen nicht Gefahr, durch zielloses „Herumzappen" Zeit zu vergeuden.

→ Setzen Sie sich erreichbare Ziele.

→ Schreiben Sie Ihre Ziele auf.

→ Formulieren Sie konkret und planen Sie genau.

→ Ordnen Sie in langfristige und kurzfristige Ziele = Zwischenziele.

→ Unterstreichen Sie Ihre Aufgaben in To-do-Listen je nach Priorität einmal, 2-mal oder 3-mal.

→ Kontrollieren Sie regelmäßig, wo auf dem Weg zum Ziel Sie sich gerade befinden.

→ Belohnen Sie sich, wenn Sie ein Ziel erreicht haben.

→ Schreiben Sie die drei wichtigsten Aufgaben für den nächsten Tag mit einem Rotstift auf einen weißen DIN-A3-Bogen und hängen Sie diesen Bogen so auf, dass Sie Ihn vom Schreibtisch aus gut im Blick haben. Stellen Sie sich vor, wie Sie den Bogen Papier am nächsten Abend mit Freude zerknüllen und in den Papierkorb werfen, weil Sie die wichtigsten Dinge geschafft haben.

→ Machen Sie zur Erreichung eines Zieles immer einen Wie-Plan.

→ Planen Sie rückwärts.

→ Nutzen Sie digitale Vorlagen für Aufgabenlisten, Telefonnotizen, Besprechungsprotokolle etc., die Ihnen Programme, wie z. B. Microsoft Word® und Excel®, anbieten, oder erstellen Sie eigene, die Sie immer wiederverwenden können.

→ Trinken Sie direkt vor dem Mittagsschläfchen, vielleicht schon gemütlich auf der Couch liegend, eine Tasse Kaffee. Da das Koffein erst nach einer halben Stunde wirkt, sind Sie nach dem Aufwachen in jeder Hinsicht fit.

→ Wenn Sie viele Infos für den Unterricht im Computer sammeln, so achten Sie darauf, dass Ihre Dateien aussagekräftige Bezeichnungen erhalten, die Ihnen das Wiederfinden erleichtern. Auch die Ergänzung des Datums zum Dateinamen ist in vielen Fällen zeitsparend.

➜ Verwenden Sie eine Schreibunterlage mit Kalender, die Sie auch für Notizen bei Telefonaten einsetzen können.

➜ Fachbücher, Hefte und Mappen haben im Schlafzimmer nichts zu suchen und sind möglichst nur im Arbeitszimmer zu finden.

➜ Gewöhnen Sie Ihre Familie zunächst an kurze, störungsfreie Zeiten und erweitern Sie diese nach zwei bis drei Wochen langsam um 5- bis 1 0-Minuten-Einheiten.

➜ Erstellen Sie Checklisten für Routinevorgänge.

➜ Trainieren Sie immer wieder Fantasie und Kreativität und seien Sie offen für Anregungen und für neue Dinge und Gedanken, damit Ihnen in einer Problemsituation viele brauchbare Ideen einfallen.

➜ Stellen Sie sich oft Dinge vor, die es (noch) nicht gibt, z. B. Kleidung in 30 Jahren, Fortbewegungsmittel 2200 etc.

➜ Trainieren Sie Ihre Kreativität, indem Sie sich jeden Tag für einen anderen Gegenstand mehrere Verwendungsmöglichkeiten überlegen.

➜ Visualisieren Sie jeden Morgen alle Dinge in Ihrer Schultasche, Ihr Lehrerzimmer, Gespräche, die Sie mit Kollegen führen möchten, und Termine, die Sie heute wahrnehmen wollen.

➜ Trainieren Sie regelmäßig Konzentration und Gedächtnis.

➜ Machen Sie eine kreative Pause, wenn Sie ein Problem lösen wollen.

➜ Geben Sie bei langsamen Schülern nicht nur den Termin vor, bis wann die Aufgabe erledigt sein muss, sondern geben Sie auch vor, wie viel Zeit der Schüler maximal dafür verwenden darf. Dann beginnt der Schüler rechtzeitig und strengt sich mehr an. Er bemüht sich, die Zeitvorgabe, die knapp bemessen sein sollte, einzuhalten.

➜ Manche Aufgaben sollten Sie kurz vor Schulschluss delegieren. Auch dann beeilen sich die Schüler mehr, da sie ja in der Regel schnell nach Hause wollen.

➜ Hat der Schüler die gestellte Aufgabe gut gemacht, hat er sich sehr bemüht, dann loben Sie ihn entsprechend und sagen Sie ihm, wie verlässlich und vertrauenswürdig er ist.

➜ Kontrollieren Sie in regelmäßigen Abständen, welche Ziele Sie erreicht haben, was noch zu verbessern ist und welche Zeitdiebe Ihnen immer noch oder immer wieder zu schaffen machen.

➜ Führen Sie ein Erfolgstagebuch, in dem alle schönen, erfolgreichen Erlebnisse – sei es im Unterricht, in Schüler- oder Elterngesprächen, in der Teamarbeit mit den Kollegen und natürlich auch innerhalb der Familie und mit Freunden – eingetragen werden. Visualisieren Sie jeden Tag bestimmte Gegenstände, Personen und Situationen.

➜ Verwenden Sie To-do-Listen (die einfachste To-do-Liste ist die beste).

→ Probieren Sie die Zeitmanagement-Methoden aus und klären Sie, welche für Sie am hilfreichsten ist.

→ Legen Sie regelmäßige Termine für das Trainieren der Blickspannweite und für das schnelle Lesen fest.

→ Bei wichtigen Texten sollten immer ein Textmarker und möglichst ein Diktiergerät parat sein.

→ Lesen Sie folgende Bücher:
  › „Miteinander reden I und II" von Friedemann Schulz von Thun
  › „Anleitung zum Unglücklichsein" von Paul Watzlawick
  › „Ich bin okay, du bist okay" von Thomas A. Harris

→ In Gesprächen und Diskussionen gilt: Mensch und Meinung voneinander trennen.

→ Führen Sie schwierige Gespräche nicht im Stehen, sondern in einer entspannten, einladenden Atmosphäre.

→ Geben Sie Ihrem Gesprächspartner immer das Gefühl, im Augenblick der wichtigste Mensch für Sie zu sein.

→ Legen Sie sich am Computer eine Telefonnotiz-Vorlage nach Ihren Bedürfnissen an, die Sie vervielfältigen und immer griffbereit neben dem Telefon liegen haben.

→ Atmen Sie in Stresssituationen zunächst mindestens 3-mal tief durch.

→ Machen Sie so oft wie möglich Entspannungsübungen.

→ Treiben Sie viel Sport und sorgen Sie für viel Bewegung.

→ Bauen Sie Stress ab, indem Sie z.B. Treppen rauf- und runterlaufen, einen Boxsack bearbeiten, laut singen oder in ein Kissen schreien.

→ Gönnen Sie sich jeden Tag eine Verabredung mit sich selbst.

→ Halten Sie sich einen ganzen Tag des Wochenendes komplett frei, ganz egal wie voll Ihr Schreibtisch ist.

„Eins, zwei, drei, im Sauseschritt
läuft die Zeit, wir laufen mit,
schaffen, schuften, werden älter,
träger, müder und auch kälter,
bis auf einmal man erkennt,
dass das Leben geht zu End'.
Viel zu spät begreifen viele
die versäumten Lebensziele:
Freude, Schönheit der Natur,
Gesundheit, Reisen und Kultur.
Darum, Mensch, sei zeitig weise!"
(Wilhelm Busch)

Medientipps

Bayer, W. und Beck, C.:
Ziele erreichen – Zukunft gestalten.
37 Erfolgsbausteine für das Selbst-,
Ziel- und Zeitmanagement.
Verlag Moderne Industrie, 2008
ISBN 978-3-636-03135-8

Hatzelmann, E. und Held, M.:
Vom Zeitmanagement zur
Zeitkompetenz.
Beltz, 2010
ISBN 978-3-407-36494-4

Hütter, H.:
Zeitmanagement –
Zeitfresser erkennen, Planungsinstru-
mente erfolgreich anwenden.
Cornelsen, 2002
ISBN 978-3-589219-14-8

Mittelstädt, H.:
Organisationshilfen für den Schulalltag.
Von Wochenplan bis Kompetenzraster.
Verlag an der Ruhr, 2012
ISBN 978-3-8346-2290-7

Mittelstädt, H.:
Unterrichtsvorbereitung –
Strategien, Tipps und Praxishilfen.
Verlag an der Ruhr, 2010
ISBN 978-3-8346-0667-9

Nussbaum, C.:
Organisieren Sie noch oder leben
Sie schon?
Campus, 2012
ISBN 978-3-593-39618-7

Pilz, G.:
Zeitmanagement –
Das Wichtigste ist einfach!
Beck, 2008
ISBN 978-3-40657-807-6

Reiser, S.; Stöhr-Mäschl, D.:
Kleine Pausen für den Schulalltag.
Kurze Übungen zur Entspannung,
Aktivierung und Bewegung.
Verlag an der Ruhr, 2013
ISBN 978-3-8346-2409-3

Schilling, G.:
Zeitmanagement – Der Praxisleitfaden
für Ihr persönliches Zeitmanagement.
Verlag Berlin, 2008
ISBN 978-3-930816-62-0

Seiwert, L. J.:
30 Minuten Zeitmanagement
Gabal, 2012
ISBN 978-3-86936-381-3

Seiwert, L. J.:
Die Bären-Strategie.
In der Ruhe liegt die Kraft.
Heyne, 2007
ISBN 978-3-453-61000-2

Seiwert, L. J.:
Noch mehr Zeit für das Wesentliche.
Zeitmanagement neu entdecken.
Goldmann, 2009
ISBN 978-3-442-17059-3

Seul, S.:
Zeitmanagement für Faule.
Gräfe & Unzer, 2011
ISBN 978-3-8338-2158-5

■ Weitere Titel der Autorin Ursula Oppolzer

Für Kinder:

Bewegte Schüler lernen leichter.
Verlag Modernes Lernen, 2004
ISBN 978-3-86145-268-3

99 Tipps:
Konzentration und Lernfähigkeit.
Cornelsen, 2012
ISBN 978-3-589-23283-3

Verflixt, wer war's?
50-Tage-Programm für Kids
Humboldt, 2005
ISBN 978-3-89994-039-8

Verflixt, was ist denn das?
Kopfsalat und Glühbirne –
Gedächtnistraining für Kids.
Humboldt, 2006
ISBN 978-3-89994-094-7

Verflixt, das darf ich nicht vergessen!
Die 50er Jahre.
Humboldt, 2007
ISBN 978-3-89994-139-5

Verflixt, wie lerne ich das?
Tipps & Tricks für clevere Kids.
Humboldt, 2008
ISBN 978-3-89994-140-1

Für Erwachsene:

Super lernen.
Tipps & Tricks von A bis Z.
Humboldt, 2010
ISBN 978-3-86910-470-6

Das große Brain-Fitness-Buch.
Humboldt, 2008
ISBN 978-3-89994-191-3

4-7-6 – Rom war ex.
265 alte und neue Eselsbrücken.
Droemer/Knaur, 2009
ISBN 978-3-426-79835-5

Bunt, bunt, bunt, ist alles,
was ich denke.
Schlütersche Verlagsgesellschaft, 2011
ISBN 978-3-89993-270-6

Verflixt, das darf ich nicht vergessen!
Band 1.
Humboldt, 2009
ISBN 978-3-86910-456-0

Verflixt, das darf ich nicht vergessen!
Band 2.
Humboldt, 2009
ISBN 978-3-86910-462-1

Verflixt, das darf ich nicht vergessen!
Band 3.
Humboldt, 2009
ISBN 978-3-86910-455-3

Verflixt, 100 Gedächtnisspiele!
Humboldt, 2009
ISBN 978-3-86910-457-7